C. DELAVIGNE.

NOUVELLE ÉDITION,
ORNÉE DE GRAVURES.

T. II.

DE L'IMPRIMERIE DE H. FOURNIER,
RUE DE SEINE, N. 14.

THÉATRE
DE M.
C. DELAVIGNE

DE L'ACADÉMIE FRANÇAISE.

NOUVELLE ÉDITION.

TOME PREMIER.

PARIS,
FURNE, LIBRAIRE-ÉDITEUR,
QUAI DES AUGUSTINS, N. 39.
M DCCC XXXV.

LES
VÊPRES SICILIENNES,

TRAGÉDIE EN CINQ ACTES,

REPRÉSENTÉE POUR LA PREMIÈRE FOIS A PARIS, SUR LE SECOND THÉATRE FRANÇAIS, LE 23 OCTOBRE 1819.

Le Discours suivant a naturellement trouvé place dans le recueil des *Messéniennes et poésies diverses* de M. Delavigne. Mais nous nous serions exposés à de justes reproches en ne reproduisant point en tête des *Vêpres siciliennes* un morceau qui partagea long-temps avec cette tragédie la faveur et les applaudissemens publics, et, comme elle, servit à fonder la gloire naissante du Second Théâtre Français.

DISCOURS

D'OUVERTURE

DU SECOND THÉATRE FRANÇAIS.

De ce triple salut ne prenez nul ombrage ;
Je ne viens point, porteur d'un sinistre message,
Annoncer en tremblant qu'un Grec ou qu'un Romain
Ce soir donne à l'affiche un démenti soudain ;
Qu'Oreste, moins zélé pour une amante ingrate,
Renonce à conspirer par ordre d'Hippocrate,
Ou que le roi des rois, désertant ses états,
S'est enfui pour Bordeaux sans réveiller Arcas :
Nous avons su trouver, loin des sentiers vulgaires,
Des rois à résidence et des dieux sédentaires,
Nourris dès le berceau dans de vieux préjugés,
La crainte du parterre et l'horreur des congés.

Modeste ambassadeur d'un empire comique,
Je viens du compliment suivre l'usage antique ;
Je viens ressusciter, dès nos premiers essais,

Un des statuts sacrés du Théâtre-Français.
Quand de Pâque expirant la fatale quinzaine,
Par la poste, au public, ramenait Melpomène,
Au lever du rideau, les nombreux spectateurs,
Réunis pour fêter ses talens voyageurs,
Accueillaient le discours d'un héros ou d'un prince,
Encor tout parfumé des lauriers de province.
Ainsi nous reviendrons complimenter Paris,
Moins chargés de lauriers, nos rivaux ont tout pris ;
Trop heureux si, glanant où leur foule moissonne,
Nous ramassons les brins tombés de leur couronne ;
Plus heureux si, par zèle artistes casaniers,
Nous pouvons, sous vos yeux, cueillir tous nos lauriers !
Vous, cependant, vous tous, qu'un amour idolâtre
Enflamme noblement pour les jeux du théâtre,
Dirigez sans rigueur nos efforts incertains ;
Soyez nos protecteurs, traitez-nous en voisins,
Vous, disciples d'un dieu que plaisanta Molière,
Et songez qu'Apollon d'Esculape est le père.
Vous aussi, de Thémis généreux nourrissons,
Reposez-vous ici de ses doctes leçons.
Puisse une ample récolte ombrager sur ces rives
Le front de nos caissiers de palmes lucratives !
Puissiez-vous, chaque hiver, braver les aquilons,
Contre un sexe craintif déchaînés sur les ponts !

Puissent les doux bravos caresser notre oreille !
Puissions-nous voir l'auteur représenté la veille,
Saluant son ouvrage, à la porte annoncé,
Sortir tout radieux de n'être point placé !
Comblez ce temple heureux de dépouilles opimes;
Mais allez dans quelque autre immoler vos victimes.
Hélas! j'ai vu nos dieux abandonnés, proscrits,
Et ce vide effrayant frappe encor mes esprits.
Alors, de l'Odéon le long pèlerinage
Étonnait un fidèle, et troublait son courage.
Si quelques voyageurs, nés au quartier d'Antin,
Découvraient l'Odéon dans ce désert lointain,
Ils l'admiraient, frappés de respect et de crainte,
Comme un vieux monument d'Athène ou de Corinthe,
Et rentraient dans Paris, sans risquer un écu
Pour voir les naturels de ce pays perdu.

Voilà, voilà, Messieurs, l'effrayante chronique
Qu'on tourne à nos dépens en récit prophétique ;
Éternel entretien de l'amateur glacé
Qui lit notre avenir écrit dans le passé.
Voilà les souvenirs dont s'armait la censure
Durant les longs travaux de notre architecture.
Pourquoi sont-ils passés ces temps, ces heureux temps,
Où les murs s'élevaient au son des instrumens,

Où les rochers émus cédaient à l'harmonie
Des Lafond, des Duport de la mythologie?
Thalie eût emprunté, pour bâtir son palais,
Notre orchestre... ou celui du Théâtre-Français,
Et nous eût épargné les sinistres augures
Qu'ont rendus contre nous les cent voix des brochures.

Deux théâtres! dit-on; mais le seul existant,
Faute d'appuis nouveaux, ne marche qu'en boitant.
Eh! Messieurs, partagez le champ le plus stérile :
Un seul le négligeait, deux le rendront fertile.
Les talens sont les fruits de la rivalité :
Souvent un fils unique est un enfant gâté.

Que n'a-t-il pas produit ce siècle de miracles,
Où le Pinde français a rendu ses oracles?
Mais, illustrés par lui, deux théâtres rivaux
Luttaient dans la carrière ouverte à ses travaux.
De Racine au combat l'un suivait la bannière,
L'autre avait arboré l'étendard de Molière;
Et l'auteur immortel du Cid et du Menteur
Versait sur les deux camps son éclat créateur.
Du zèle et des succès le public tributaire
Portait de l'un à l'autre un appui volontaire;
Et, fidèle au talent qui charmait son loisir,

N'embrassait de parti que celui du plaisir.

Quand l'astre de Ferney n'éclaira plus la scène,
Il laissa dans la nuit Thalie et Melpomène ;
Mais la rivalité, divisant leurs sujets,
Du jour qui n'était plus nous rendit les reflets.
Fabre prêtait alors à la muse comique
La mordante âpreté de sa verve caustique ;
Sur les pas de Chénier, Legouvé prit l'essor ;
Cet aimable Collin que Paris pleure encor,
Par l'abandon naïf de sa facile veine,
Mérita le surnom qu'ennoblit La Fontaine ;
Ducis nous attendrit pour d'illustres malheurs,
Ducis, dont l'art sublime éveillait nos terreurs,
Inspiré par Shakspear qu'il imitait en maître,
Égala Crébillon, le surpassa peut-être.
Caïn, aux spectateurs, retraçait sur ces bords
L'horreur du premier crime et des premiers remords ;
Tout près du Luxembourg, le vieux Célibataire
Sous les traits de Molé captivait le parterre ;
De Marius aux fers la sombre majesté
Désarmait d'un regard le Cimbre épouvanté ;
Cependant qu'Othello, Polynice et son père,
Fénelon et Boulen, et Macbeth et Fougère,
Du bruit toujours croissant de leurs brillans destins,

Fatiguaient les échos des bords ultrapontains.

Quelque splendeur alors couronna nos poètes;
Mais n'ont-ils pas trouvé de dignes interprètes?
Contat, Caumont, Raucourt, Sainval et Dugazon
Laissaient-ils au besoin les enfans d'Apollon?
Fleuri, dont ce théâtre a gardé la mémoire,
Survit à nos plaisirs sans survivre à sa gloire.
Saint-Prix, digne héritier du sceptre de Brizard,
A des collatéraux vient de léguer son art;
Mais Paris se console en écoutant Oreste,
Et rit de deux jours l'un : Célimène lui reste.
Si la rivalité fut féconde en succès,
Pourquoi désespérer de ses nouveaux essais?
Un moment chaque soir ce combat dramatique
Ne peut-il dérider la sombre politique?
Animant de la voix deux empires jumeaux,
La grave Déité qui préside aux journaux
Ne peut-elle au budget dérober une page,
Pour peser les destins de Rome et de Carthage?
Plus d'un guerrier captif, et long-temps sans espoir,
S'apprête à secouer la poudre d'un tiroir;
Plus d'un prince, indécis entre les deux frontières,
N'attend que nos succès pour franchir nos barrières.
Venez, tristes héros, nos bras vous sont ouverts;

Affrontez parmi nous des flots souvent amers.
Le Permesse à la fin est pour vous navigable,
Et vous n'attendrez plus comme une ombre insolvable
Qui, suppliant Caron de la prendre au rabais,
Errait au bord du Styx sans le passer jamais !
Notre esquif lève l'ancre et va braver l'orage;
Mais c'est peu d'un esquif, il faut un équipage.
Que le nôtre à former nous a coûté d'efforts !
Nous avons parcouru la province et ses ports,
Dépeuplé la Belgique, et du Conservatoire
Appelé dans nos rangs et l'élite et la gloire.
Si nous vous présentons quelques heureux talens,
Pardonnez des écarts à leurs nobles élans.
Faut-il rejeter l'or pour un peu d'alliage?
Que son éclat plus pur devienne votre ouvrage.
Songez qu'avec le temps le bien se change en mieux,
Que le plus beau talent ne prend que sous vos yeux
Ce goût, cette nature élégante et fidèle,
Ce bon ton dont Moncade emporta le modèle;
Que le Garrick français s'éleva par degré
Aux célestes transports de Joad inspiré;
Qu'enfin d'un geste vrai la muette éloquence
Est fille d'Apollon... et de la Patience.

Ce propos me rappelle un conte d'autrefois ;

Veuillez l'entendre : Ésope en faisait même aux rois.
Les rois, vous le savez, sont des dieux sur la terre,
Et ce qu'on dit aux dieux peut se dire au parterre.

« Dans un pays que je ne nomme point,
Pays des arts, du goût, de l'élégance,
(Il est, je crois, de votre connaissance)
Était un parc admirable en tout point.
Chose bizarre : une seule avenue
Le traversait dans sa vaste étendue.
Là, s'assemblaient gens de cour et bourgeois ;
Juge, avocat, militaire, coquette,
S'y délassaient du soin de leurs emplois,
Ou des travaux d'une longue toilette.
Les orangers parfumaient ces beaux lieux ;
On y rêvait au doux bruit des fontaines.
Quels gazons frais ! quels sons mélodieux !
Les rossignols y chantaient par centaines
Toute l'année... hormis deux ou trois mois,
Où ces messieurs prenaient tous leur volée,
Couraient les champs, et laissaient dans l'allée
D'autres oiseaux, lesquels étaient sans voix.
A leur retour la foule consolée
Dans l'avenue oubliait ses ennuis.
On s'y portait : c'était la mode ; et puis...

C'était la seule. Un bon vieillard, un sage,
Dit : « Mais pourquoi ne pas en avoir deux ? »
Soudain on plante, on se hâte, et l'ouvrage
Va lentement ; alors c'était l'usage.
La promenade ouverte aux curieux,
Tout le monde entre, et d'abord la Critique.
Sur les défauts chaque passant s'explique.
Qui n'a les siens ? C'est bien, s'écriait-on ;
Mais peu de fleurs ! mais des arbres sans ombre !
Les rossignols n'y sont pas en grand nombre !
Des fruits, pas un ! à peine du gazon !
Oh ! l'autre allée aura la préférence.
Elle a la mienne, et j'y cours... « Patience,
Dit le vieillard qui parlait de bon sens,
Juger trop vite à l'erreur nous entraîne.
Est-ce en deux jours que le gland devient chêne ?
Laissez grandir ces arbustes naissans,
Ils donneront du frais et de l'ombrage.
Prodiguez l'onde aux gazons délicats,
Et leur duvet s'étendra sous vos pas.
Encouragez les chantres du bocage,
Les rossignols épars sur les rameaux
Verront près d'eux s'élever des rivaux ;
Leur foule un jour couvrira ce feuillage,
Vous charmera de chants toujours nouveaux.

Toute l'année ils vous seront fidèles...
On prendra soin de leur couper les ailes.
Laissez aux fleurs le temps de s'entr'ouvrir,
Et leurs couleurs n'en seront que plus belles.
Vienne l'automne, et les fruits vont mûrir.
Achetez donc par un peu d'indulgence
Double avenue et double jouissance. »

Suivit-on ce conseil? ce conseil fut-il vain?
Le mot de cette énigme au compliment prochain.

LES
VÊPRES SICILIENNES,

TRAGÉDIE.

PERSONNAGES.

ROGER DE MONTFORT, gouverneur de la Sicile.
JEAN DE PROCIDA, noble sicilien.
LORÉDAN, fils de Procida.
GASTON DE BEAUMONT, chevalier français.
SALVIATI, confident de Procida.
PHILIPPE D'AQUILA
ODDO,
PALMERIO,   } Conjurés, personnages muets.
BORELLA,
LORICELLI,
AMÉLIE DE SOUABE.
ELFRIDE, confidente d'Amélie.
Chevaliers.
Conjurés.

La scène se passe à Palerme, dans le palais de Procida.

LES VÊPRES SICILIENNES.
Acte 3, Sc 4

Publié par Furne, à Paris.

LES VÊPRES SICILIENNES,

TRAGÉDIE.

ACTE PREMIER.

SCÈNE I.

(La rampe est à demi levée.)

PROCIDA, SALVIATI.

SALVIATI.

Que vois-je ? Procida de retour sur nos bords ?
De tous nos conjurés quels seront les transports !
Le règne des tyrans touche donc à son terme !

PROCIDA.

Que je t'embrasse, ami ! Salut, murs de Palerme ;

J'en jure par ce Dieu qui nous doit protéger,
Vous serez affranchis du joug de l'étranger !

SALVIATI.

Venez, quittons ces lieux.

PROCIDA.

Quelle terreur t'agite ?
Je suis dans mon palais.

SALVIATI.

Notre ennemi l'habite...

PROCIDA.

Eh quoi ! Charles d'Anjou ? le vainqueur de Mainfroi,
Le bourreau, l'assassin de notre dernier roi ?
Charles dans mon palais ? lui, cet indigne frère
De ce pieux Louis que la France révère ?...

SALVIATI.

Non, et le jour neuf fois a fait place à la nuit
Depuis qu'aux bords voisins sa flotte l'a conduit.
On dit qu'il veut revoir, après dix-huit années,
Les murs de Bénévent, les plaines fortunées
Où le sort le fit roi, quand son dernier succès
Soumit Naple et Palerme au pouvoir des Français.
On dit plus, et, trompant l'ennui de l'esclavage,
Mille bruits différens expliquent ce voyage :
On dit que ses vaisseaux, du port napolitain,
Menacent les remparts fondés par Constantin ;

ACTE I, SCENE I.

Et que, pour enflammer ses phalanges guerrières,
Charles, au Vatican, fait bénir leurs bannières.

PROCIDA.

Eh! qui donc dois-je craindre?

SALVIATI.

Un jeune favori,
Près du trône des lis dans les grandeurs nourri.

PROCIDA.

Quel est son nom?

SALVIATI.

Montfort, le ministre docile
Des ordres souverains transmis à la Sicile.
En partant pour la cour du pontife romain,
Le monarque a laissé le sceptre dans sa main...

(Le jour augmente par degrés.)

Fuyons, l'ombre s'efface, et l'aube va paraître.

PROCIDA.

Il n'est pas temps encor; qui peut me reconnaître?
Seul, avant mon départ, dans ces lieux renfermé,
Invisible aux tyrans de ce peuple opprimé,
J'ai su, sans irriter leurs fureurs inquiètes,
Ourdir les premiers fils de nos trames secrètes.
En vain, pour s'étayer du nom de mes aïeux,
Par l'éclat des emplois Charles flattait mes yeux :
J'ai fui de nos vainqueurs le superbe visage;

La cour me croit errant de rivage en rivage :
Mon fils, par un billet instruit de mon retour,
Ici, pour me revoir, doit devancer le jour :
Je veux l'attendre.

SALVIATI.

Au moins, daignez me satisfaire.
Le ciel a-t-il béni votre exil volontaire?

PROCIDA.

Il m'inspirait. Le ciel a sans doute allumé
Ce feu pur et sacré dont je suis consumé.
Oui, c'est avec transport que j'aime la patrie;
Mais d'un amour jaloux j'ai toute la furie :
Je l'aime, et la veux libre ; et, pour sa liberté,
En un jour, biens, amis, parens, j'ai tout quitté.
Long-temps j'ai parcouru nos déplorables villes;
Honteux et frémissant, j'ai vu nos champs fertiles,
Aux préteurs étrangers prodiguant leurs trésors,
Se couronner pour eux du fruit de nos efforts.
Quels tourmens j'ai soufferts pendant ces longs voyages!
Combien j'ai dévoré de mépris et d'outrages!
Pour qu'un chemin plus libre à mes pas fût ouvert,
J'ai porté le cilice, et de cendres couvert,
Tantôt, durant les nuits, debout sous un portique,
Je réveillais l'ardeur d'un peuple fanatique;
Tantôt, d'un insensé, dans mes accès fougueux,

ACTE I, SCÈNE I.

J'imitais l'œil hagard et le sourire affreux ;
Et des ressentimens qui remplissent mon ame
Dans la foule en secret je répandais la flamme.
Par ces déguisemens j'échappais aux soupçons :
Ma haine sans péril distilla ses poisons.
Si quelque citoyen se plaignait d'une injure,
D'un soin officieux j'irritais sa blessure ;
Tu connais le pouvoir de nos transports jaloux :
J'allumais leur fureur dans le sein des époux ;
Partout, dans tous les cœurs j'ai fait passer ma rage.
Mais c'est peu qu'indignés d'un honteux esclavage,
Des mécontens obscurs soient pour nous déclarés ;
Et nous comptons des rois parmi nos conjurés.

SALVIATI.

Des rois !

PROCIDA.

Depuis deux ans j'ai quitté la Sicile.
Avant que la tempête éclatât dans cette île,
Du pontife de Rome il nous fallait l'appui !
Il craignait nos tyrans, je me présente à lui.
Il apprend mon dessein, l'adopte, l'autorise,
Près du roi d'Aragon m'offre son entremise :
« C'est le sang de Mainfroi qui doit régner sur vous ;
« De sa fille, dit-il, je couronne l'époux. »
Au monarque espagnol je l'annonçai moi-même :

Le dangereux présent d'un nouveau diadème
Est un brillant appât pour un front couronné.
Don Pèdre d'Aragon, par l'espoir entraîné,
S'empresse d'obéir à cette voix divine,
Veut rassembler sa flotte et descendre à Messine.
Mais bientôt d'une guerre, utile à nos projets,
Ses trésors épuisés font languir les apprêts.
Je le quitte, et les mers, que je traverse encore,
Me portent de l'Espagne aux rives du Bosphore.
J'apprends que de nos rois le successeur altier
Des Césars d'Orient menace l'héritier.
Ce prince intimidé se trouble au bruit des armes.
Je parais, mes récits redoublent ses alarmes.
J'ai vu tous les vaisseaux, j'ai compté les guerriers :
J'élève jusqu'aux cieux ces nombreux chevaliers,
Nourris dans les combats, ardens, pleins de vaillance,
Que je hais en Sicile, et que j'admire en France.
Il tremble, mon projet se montre à découvert;
De l'empire aussitôt le trésor m'est ouvert,
Et don Pèdre reçoit, par un secret message,
Un secours important dont je presse l'usage.
L'empereur, généreux pour sauver ses états,
Assure aux conjurés l'appui de ses soldats :
Déjà de l'Aragon la flotte est préparée,
Le pontife est armé de la foudre sacrée.

Voilà, Salviati, le fruit de mes efforts.
Contre nos oppresseurs tout s'unit au dehors :
Ici, de nos amis, parle, que dois-je attendre?

SALVIATI.

Vous les verrez, seigneur, prêts à tout entreprendre.
Eberard de Fondi, Philippe d'Aquila,
Oddo, Loricelli, Mario, Borella,
Voulaient fixer sans vous la sanglante journée
Promise à leur fureur trop long-temps enchaînée :
Des ordres de Montfort complaisans dangereux,
Admis dans ses conseils, plus souvent à ses jeux,
Nous savons, aux plaisirs appliquant son étude,
Tromper de ses esprits l'ardente inquiétude.
Nos coups seront plus sûrs. Dans ces jours solennels,
Où les chrétiens en foule approchent des autels,
Le saint asile ouvert aux remords du coupable
Couvre nos entretiens d'une nuit favorable.
Nous levons à demi ce voile ténébreux;
Nous laissons pressentir des changemens heureux;
L'interprète du ciel au fond des consciences
Agite sourdement le levain des vengeances.
Dans l'ombre à nous servir le peuple est disposé...
Nos conjurés d'un mot auraient tout embrasé,
Craignant que sa fureur par le temps refroidie
N'offrît plus d'aliment à ce vaste incendie.

Vous arrivez enfin...

PROCIDA.

Mon fils est-il instruit?

SALVIATI.

Par quelques faits brillans ce Montfort l'a séduit.
Tous deux ils sont liés d'une amitié sincère,
Et pour lui nos desseins sont encore un mystère.

PROCIDA.

Mon fils serait l'ami...! Quel est donc ce Français?

SALVIATI.

Superbe, impétueux, toujours sûr du succès,
Il éblouit la cour par sa magnificence,
Pousse la loyauté jusques à l'imprudence;
Il pourrait immoler, sans frein dans ses désirs,
Sa vie à son devoir, son devoir aux plaisirs.
Son premier mouvement loin des bornes l'entraîne;
Aisément il s'irrite, et pardonne sans peine,
Ne saurait se garder d'un poignard assassin,
Et croirait l'arrêter en présentant son sein.

PROCIDA.

Et voilà ces vertus que Lorédan estime!
Mon fils peut caresser la main qui nous opprime?
Mais il vient, laisse-nous; va dire à nos amis
Que l'espoir du succès leur est enfin permis.

SCÈNE II.

PROCIDA, LORÉDAN.

LORÉDAN.

Vous m'êtes donc rendu! Je vous revois, mon père!
O bonheur !... Mais pourquoi ce front triste et sévère?

PROCIDA.

Est-il vrai, Lorédan, qu'un maître impérieux
Commande dans ces murs tout pleins de vos aïeux?

LORÉDAN.

De ce bruit offensant méprisez l'imposture,
Connaissez mieux Montfort, vous lui faites injure.
Sans honte en ce séjour j'ai pu le recevoir;
Sa gloire et ses bienfaits m'imposaient ce devoir.
Épris de l'art divin qui fleurit en Provence,
Poète, il a chanté les succès de la France ;
Guerrier, près de Louis son courage naissant
Fit triompher les lis de l'orgueil du croissant.
Il a sur votre sort partagé mes alarmes,
Il m'a fait chevalier, je suis son frère d'armes.

PROCIDA.

Vous !

LORÉDAN.

Nous devons ensemble affronter les hasards,

Suivre d'un pas égal les mêmes étendards :
Bientôt Paléologue, enfermé dans Byzance,
Verra sous nos efforts expirer sa puissance.
Aux bords de l'Hellespont, où nous allons courir,
De quels nobles lauriers nos fronts vont se couvrir !
Que d'exploits !...

PROCIDA.

De l'empire embrassant la querelle,
Le destin des combats peut vous être infidèle ;
Alors de ces hauts faits qu'attendez-vous ?...

LORÉDAN.

L'honneur,
Si fidèle aux Français, même dans le malheur !

PROCIDA.

N'en attendez, mon fils, que regrets et que honte ;
Quels que soient les dangers que votre ardeur affronte,
Les Français dans les camps vous seront préférés :
Songez-vous aux chagrins que vous vous préparez ?
Croyez-vous que le roi, distinguant votre audace,
Daigne illustrer un sang qu'il accepte par grace ?
Quand l'esclave imprudent pour ses maîtres combat,
Tout son sang prodigué se répand sans éclat.
Mais je veux qu'on vous laisse une part dans la gloire :
Que produit pour l'état cette noble victoire ?
Que sont dans leurs succès les peuples conquérans ?

Des sujets moins heureux sous des rois plus puissans.
Prévenu pour Montfort, vous me croyez à peine.
Votre cœur amolli se refuse à la haine;
Vous flattez nos tyrans; aux premiers feux du jour,
Un jeune ambitieux vous voit grossir sa cour.
Au sein des voluptés qui charment votre vie,
Jamais vous n'avez dit : Palerme est asservie;
Jamais ses cris plaintifs n'ont passé jusqu'à vous;
Au récit de ses maux vous restez sans courroux;
Est-ce là cette humeur inflexible et sauvage
Qui fuyait de la cour le brillant esclavage;
Cet orgueil indocile au joug le plus léger,
Cet honneur ombrageux, si prompt à se venger?
Ou la faveur des grands a changé vos maximes,
Ou de nos ennemis vous oubliez les crimes.
Oubliez-vous aussi ce prince infortuné,
Conradin, sans défense à l'échafaud traîné?
Ne vous souvient-il plus du serment qui vous lie
A sa sœur orpheline, à la jeune Amélie,
Au pur sang de nos rois?

LORÉDAN.

J'en atteste les cieux!
Le jour de ses clartés aura privé mes yeux,
La tombe s'ouvrira pour ma cendre glacée,
Avant qu'un tel serment sorte de ma pensée!

Jamais de plus de feux un amant dévoré
N'attendit un hymen plus saintement juré.
Cependant la princesse, aux pleurs abandonnée,
S'obstine à reculer cette heureuse journée.
Un pressentiment vague irrite mes ennuis.
Ces jeunes chevaliers, par trop d'orgueil séduits,
Qui, d'une égale ardeur poursuivant ses suffrages,
Apportent à ses pieds tant d'importuns hommages...
Leur présence me pèse... Apprenez qu'un d'entre eux,
Le plus vaillant de tous, et le plus généreux...
Ah! cet aveu fatal, que je ne puis vous taire,
Jette encor dans mes sens un trouble involontaire!...

PROCIDA.

Enfin ?

LORÉDAN.

Dans l'abandon de sa vive amitié,
Hier à son rival Montfort s'est confié.
S'il n'avait respecté les pleurs de la princesse,
Il aurait dès long-temps déclaré sa tendresse :
« Je sais qu'elle a pour vous le respect d'une sœur;
« Ouvrez-moi, m'a-t-il dit, un accès dans son cœur.
« Puisque la guerre enfin va m'entraîner loin d'elle,
« Il est temps qu'à ses yeux ma flamme se décèle.
« Je veux, je dois parler. » Interdit, confondu,
J'ai voulu m'en défendre, et n'ai rien répondu;

Et peut-être Montfort a, dans son espérance,
En faveur de ses vœux expliqué mon silence.
Je crains...

PROCIDA.

Où vous égare un amour soupçonneux?
Pensez-vous qu'Amélie, au mépris de vos nœuds,
De son nom, de son rang...?

LORÉDAN.

Ah! ce doute l'offense:
Ma tendresse l'accuse et vole à sa défense;
Mais sa douleur me blesse, et, quel qu'en soit l'objet,
Je suis jaloux des pleurs qu'il lui coûte en secret.
Je veux tout éclaircir; je veux la voir, l'entendre :
Elle-même en ces lieux près de nous doit se rendre.

PROCIDA.

Elle saurait...?

LORÉDAN.

Votre ordre a-t-il dû m'arrêter?
Parmi vos ennemis fallait-il la compter?
Quand il erra trois ans, privé de sa famille,
Un père à son retour craint d'embrasser sa fille!

PROCIDA.

Qui! moi? Je le craindrais! Non, je te reverrai,
Des rois que j'ai perdus reste cher et sacré!
Aujourd'hui pour leur cause il se peut que je meure,

Mes bras te presseront avant ma dernière heure.
Respectez ses regrets, ils sont justes, mon fils!

LORÉDAN.

Qui peut les mériter?

PROCIDA.

Son frère et son pays.
Son frère est-il vengé?

LORÉDAN.

Dieu! que voulez-vous dire?

PROCIDA.

Las de courber mon front sous un injuste empire,
Si pour le renverser j'osais lever le bras,
Que feriez-vous alors?... Vous ne répondez pas?

LORÉDAN.

Expliquez-vous, seigneur.

PROCIDA.

Je me ferai comprendre.

LORÉDAN.

Parlez...

PROCIDA.

Quand vous serez plus digne de m'entendre.

LORÉDAN.

Achevez, hâtez-vous, profitez des momens...
J'aperçois la princesse, elle approche à pas lents,
Rêveuse et tout entière à sa mélancolie.

SCÈNE III.

PROCIDA, LORÉDAN, AMÉLIE.

PROCIDA.

Mes bras vous sont ouverts; venez, chère Amélie.....

AMÉLIE.

Ah, seigneur! ah, mon père!

PROCIDA.

Où suis-je? ces accens
D'un transport douloureux font tressaillir mes sens...
Est-ce toi, Conradin, ou ta vivante image?
Oui, voilà son regard! c'est son touchant langage;
Cette grace éclatait sur ses traits imposans,
Quand je l'ai vu mourir à la fleur de ses ans.

AMÉLIE.

Hélas!

LORÉDAN.

Vous irritez les tourmens qu'elle endure.

PROCIDA.

C'est toi qui m'as forcé de rouvrir sa blessure.
Je le dois pour guérir ton esprit aveuglé
Des soupçons offensans dont l'amour l'a troublé.

AMÉLIE.

Il me soupçonne, ô Dieu!

PROCIDA.

      Par un récit fidèle
Puissé-je raffermir ta haine qui chancelle!
Puisse une juste horreur te saisir comme moi,
Au nom du meurtrier que tu nommes ton roi!
Écoutez-moi tous deux; à son heure dernière,
Conradin m'adressa cette courte prière :
« Parmi des inhumains j'abandonne ma sœur ;
« Vivez, qu'à sa jeunesse il reste un défenseur :
« Qu'elle soit votre fille, et qu'un jour l'hyménée
« Au sort de Lorédan joigne sa destinée. »
Je promis d'obéir; mais j'enviai la mort
Du jeune Frédéric qui partagea son sort.
Il s'exilait, mon fils, d'un illustre héritage,
Pour combattre à seize ans sous un roi de son âge;
L'échafaud l'attendait, il y monte, et soudain
Je vois rouler sa tête aux pieds de Conradin.
Votre frère... Ah! combien sa douleur fut touchante!
Pressant de son ami la dépouille sanglante,
Il lui parlait encor, l'arrosait de ses pleurs :
Tu n'es plus, criait-il, c'est pour moi que tu meurs !
Nos vainqueurs attendris l'admiraient en silence;
Mais Charles d'un coup d'œil enchaîna leur clémence.
Cet enfant qui pleurait redevint un héros,
Et son dernier regard fit pâlir les bourreaux.

AMÉLIE.
Ta sœur n'était pas là pour recueillir ta cendre!
LORÉDAN.
Pourquoi trop jeune encor n'ai-je pu te défendre?
PROCIDA.
Dès que l'âge éclaira votre faible raison,
Je reçus vos sermens sur sa tombe, en son nom;
Et je crus voir son ombre, un moment consolée,
Pour unir mes enfans sortir du mausolée.
L'avez-vous oublié?
AMÉLIE.
Comment puis-je jamais
Oublier mes sermens, seigneur, et vos bienfaits?
PROCIDA.
Oui : de soins paternels j'entourai votre enfance.
Ma sœur les partageait; sans doute en mon absence
Son amour attentif ne se ralentit pas,
Malgré le poids des ans qui retiennent ses pas.
Si vous fûtes toujours digne de ma tendresse,
Renouvelez ici cette sainte promesse.
AMÉLIE.
Quel langage, seigneur? doutez-vous de ma foi?
LORÉDAN.
Pardonnez, Amélie, à mon injuste effroi,
Aux transports insensés dont mon ame est saisie :

Qui peut avec excès aimer sans jalousie?

PROCIDA.

Rendez, rendez la paix à ce cœur égaré;
Si j'ordonne un hymen trop long-temps différé,
Jurez de l'accomplir sans regret, sans murmure.
Hé bien?

LORÉDAN.

Hésitez-vous?

AMÉLIE, à Procida.

Seigneur, je vous le jure.

LORÉDAN.

O vous que j'offensais, je jure à vos genoux
De vivre, et, s'il le faut, de m'immoler pour vous.

PROCIDA.

Ma fille, mes enfans, que ce jour m'est prospère!
Réunis sur mon sein, embrassez votre père.
Et toi, du haut des cieux descendant parmi nous,
Héros infortuné, bénis ces deux époux.
Consacre leur hymen et fais qu'il s'accomplisse;
Viens, qu'un pieux courroux à ta voix les remplisse:
Viens réveiller en eux l'horreur de l'étranger,
L'amour de leur pays, la soif de le venger.
Triste et dernier débris d'une race abattue,
Amélie, écartez la douleur qui vous tue:
Souvent dans sa grandeur quand le coupable en paix

Semble de crime en crime affermi pour jamais,
Le bras de l'Éternel à le punir s'apprête;
Et se lève sur lui pour foudroyer sa tête...
Adieu...

AMÉLIE.

Qui vous contraint, seigneur, à nous quitter?

PROCIDA.

Un soin impérieux dont je veux m'acquitter.

LORÉDAN.

Quoi! déjà, quoi, mon père, après trois ans d'absence!

PROCIDA.

De nos maîtres, mon fils, je dois fuir la présence.
Demeurez tous les deux, cachez-leur mon retour.

(à Lorédan.)

Adieu, nous nous verrons avant la fin du jour.

SCÈNE IV.

AMÉLIE, LORÉDAN.

LORÉDAN.

Oubliez mon offense, et partagez ma joie...
Quel nuage soudain sur vos traits se déploie!

AMÉLIE.

Dans les austérités d'un asile pieux,

Morte à de faux plaisirs, cachée à tous les yeux,
Que ne puis-je, le front courbé dans la poussière,
Finir mes tristes jours consumés en prières!

LORÉDAN.

Dieu! quel vœu formez-vous? et qui peut mériter
Des pleurs que de mon sang je voudrais racheter?

AMÉLIE.

Hélas! vous savez trop si j'ai droit d'en répandre.

LORÉDAN.

J'explique leur langage, et crains de vous comprendre.
Oui, malgré nos liens, vos devoirs, vos sermens,
Je doute encor... Plaignez l'horreur de mes tourmens.
Oui, quand de nos guerriers l'essaim vous environne,
A de noires terreurs mon esprit s'abandonne;
Sans cesse je vous suis, d'un regard curieux,
Au sein de nos tournois, dans ces murs, en tous lieux.
Aux degrés de l'autel arrosés par vos larmes,
Je porte près de vous mes brûlantes alarmes.
Je m'indigne en voyant ce tribunal de Dieu,
Où le pardon du crime est le prix d'un aveu,
Qu'un mortel, quel que soit son sacré caractère,
Reste de vos chagrins le seul dépositaire;
Et qu'à votre frayeur il ait droit d'arracher
Un secret qu'à l'amour votre cœur peut cacher.
Montfort même est l'objet de ce triste délire :

C'est à vous qu'il consacre et son glaive et sa lyre;
S'il vous chante, ses vers ont un charme plus doux;
Qu'il combatte à vos yeux, et tout cède à ses coups.
Je n'en puis plus douter, je sais qu'il vous adore;
Je le sais... Est-il vrai? l'ignorez-vous encore?
En proie à la fureur de mes soupçons jaloux,
Je tremblais que Montfort... Madame, qu'avez-vous?

AMÉLIE.

Moi, seigneur!

LORÉDAN.

A ce nom vous changez de visage!

AMÉLIE.

Ah! c'est trop m'abaisser à souffrir un outrage;
J'ai honte du reproche où vous vous emportez,
Je dois me l'épargner, et je veux...

LORÉDAN.

Arrêtez...
Qu'aujourd'hui, qu'à l'instant, si mon malheur vous touche,
L'arrêt de mon rival sorte de votre bouche!
Il le faut; c'est de vous qu'il doit le recevoir,
Vous seule vous pouvez lui ravir tout espoir.
Blessez, pour le guérir, sa fierté trop sensible :
Un amour dédaigné cesse d'être invincible.
Madame, dites-lui qu'il prétendrait en vain
S'armer contre mes droits du pouvoir souverain,

M'arracher votre main à la mienne enchaînée ;
Nommez-lui votre époux, hâtez notre hyménée.

AMÉLIE.

Qu'ordonnez-vous, grand Dieu! Moi lui dire... Ah! seigneur!
Qu'attendez-vous de moi?

LORÉDAN.

      Mon repos, mon bonheur.
Vous détournez les yeux, vous gardez le silence...
Et vous voyez Montfort avec indifférence?
Je n'examine plus pourquoi vous hésitez,
Je n'exige plus rien; je vous laisse... Écoutez :
Vous savez quel empire il a pris sur mon ame;
A l'ardente amitié qui tous deux nous enflamme
Je puis tout immoler sans regret, sans effort,
Tout, hors ce bien suprême où j'attache mon sort.
Je le chéris lui seul après vous et mon père;
C'est l'ami de mon choix, c'est mon hôte et mon frère;
Mais si dans mon ami je dois craindre un rival,
Tremblez qu'à l'un de nous ce jour ne soit fatal.

SCÈNE V.

AMÉLIE, seule.

De son injuste empire il m'accable d'avance,
Il commande en tyran, il m'accuse, il m'offense.
Oh! que de notre hymen le joug sera pesant!
Dans les soins de Montfort quel respect séduisant!
De ta mort, Conradin, il ne fut pas complice...
Qu'ai-je dit? Ne crains pas que ton sang s'avilisse;
La colère des cieux consumera ta sœur
Plutôt qu'un tel secret s'échappe de son cœur.
Au pied de tes autels, ô mon souverain maître!
Rends la force à ce cœur honteux de se connaître.
J'y cours : que la vertu m'élève à cet effort
De remplir mes sermens, de détromper Montfort!
Le faible doit trouver dans ta bonté suprême
L'appui que sa raison cherche en vain dans soi-même.

FIN DU PREMIER ACTE.

ACTE DEUXIEME.

SCÈNE I.

MONTFORT, GASTON, FONDI, SALVIATI,
D'AQUILA, CHEVALIERS FRANÇAIS, CONJURÉS.

MONTFORT.

Ne blâmez pas, Gaston, de si nobles loisirs ;
Jamais un ciel plus pur n'éclaira nos plaisirs.
Que j'admirais ces bords ! à mon ame attendrie
Combien ils rappelaient une terre chérie !
L'éclat et la beauté de ce climat heureux,
Ces forêts d'orangers, ces monumens pompeux,
Et de ce vaste port la vivante opulence,
Tout retrace à mes yeux les champs de la Provence.
(aux chevaliers de sa suite.)
Sully, Soissons, Laval, mes amis, mes rivaux,
Demain je vous appelle à des combats nouveaux ;
Byzance nous promet de plus sanglantes fêtes :

Bientôt les jeux guerriers feront place aux conquêtes.
Vous, Fondi, d'Aquila, que des plaisirs si doux
Soient le lien heureux qui nous enchaîne tous !
Les splendeurs de la cour et sa bruyante ivresse
Signalent de vos soins l'ingénieuse adresse ;
Vous verrez votre roi demain avec le jour :
Que la pompe des jeux célèbre son retour !

(Montfort fait un signe ; ils sortent tous, excepté Gaston.)

SCÈNE II.

MONFORT, GASTON.

GASTON.

En vain à mes conseils vous voulez vous soustraire ;
Pour les périls, seigneur, ce mépris téméraire
Vous livre sans défense au fer d'un assassin.
Palerme peut cacher un sinistre dessein ;
Et vous sortez sans gardes, et jamais vos cohortes
Sur le seuil du palais n'en protégent les portes !
Ce peuple est dangereux, redoutez ses fureurs.

MONTFORT.

Quoi, toujours des soupçons et de vaines terreurs !

GASTON.

Montfort, d'un vieux guerrier pardonnez la franchise,
L'intérêt de l'État peut-être l'autorise...
Pour marcher sans escorte, on doit se faire aimer.

MONTFORT.

Eh bien, suis-je un tyran? m'oserait-on blâmer?
Où tendent ces discours?

GASTON.

     Votre longue indulgence
A de nos chevaliers enhardi la licence.
Sous l'abri d'un grand nom sûr de l'impunité,
A d'horribles excès leur orgueil s'est porté.
C'est trop fermer l'oreille aux plaintes des victimes.
On blâme la faveur dont vous couvrez leurs crimes.

MONTFORT.

Des crimes! sous quel jour montrez-vous des erreurs?
Ne pardonnez-vous rien à de jeunes vainqueurs?
Tant de gloire à mes yeux rend l'orgueil excusable,
Je vois trop de héros pour chercher un coupable!

GASTON.

Des exemples pieux, des leçons de Louis,
Les souvenirs pour vous sont-ils évanouis?
Ou parmi ses vertus votre ame ardente et fière
Ne sut-elle admirer que la valeur guerrière?
Ah! si vous l'avez vu de ses royales mains

Forcer devant Tunis les rangs des Africains,
Combien plus redoutable à sa jeune noblesse
De ses sujets contre elle il soutint la faiblesse!
Les plaintes des hameaux s'élevaient jusqu'à lui.
Pour écouter les pleurs du pauvre sans appui,
D'un chêne encor fameux l'ombrage tutélaire
Semblait à sa justice un digne sanctuaire,
Et l'amour de son peuple, heureux de l'entourer,
Le plus sublime encens qu'un roi pût respirer.
Tels étaient ses plaisirs; cependant la naissance
D'un droit presque divin consacrait sa puissance;
Et nous, que la fortune a seule couronnés,
Sur un trône conquis, d'écueils environnés,
Nous croyons la justice une vertu vulgaire;
Il nous semble plus grand, surtout plus téméraire,
Quand un empire entier cherche en nous son recours,
De braver ses douleurs que d'en tarir le cours.

MONTFORT.

Gaston!

GASTON.

Tous ces rivaux dont l'imprudente ivresse,
En partageant vos goûts, les flatte et les caresse,
Aux frivoles amours sans frein abandonnés,
Essayant sur le luth des chants efféminés...

MONTFORT.

Un tel délassement nuit-il à leur courage?
Je plains l'austérité d'une vertu sauvage,
Sans pitié pour les arts, ornemens de la paix,
Et dont l'éclat tranquille ennoblit ses bienfaits.
Ne peut-on aux exploits qui donnent la victoire
Unir le soin plus doux d'en célébrer la gloire ?
Cet espoir les excite et plaît à leur fierté,
Il enflamme la mienne; oui, la postérité
Dira que les enfans des bords de la Durance
Ont offert les premiers cette heureuse alliance,
Et saura respecter aux mains de ces guerriers
Un luth que leur vaillance a couvert de lauriers.

GASTON.

Pendant ces jeux trompeurs qu'un vain délire anime,
La Sicile murmure et sent trop qu'on l'opprime.
Des pontifes divins le pouvoir respecté
Plie en se débattant sous notre autorité,
Prompte à nous censurer, leur adroite éloquence
Ressaisit par degrés sa première influence.
D'un fanatisme ardent le peuple est possédé.
Par les grands soutenu, par leurs conseils guidé,
Il s'essaie à braver un sceptre qui lui pèse.
Il s'agite sans but, il s'irrite, il s'apaise :
Cet esprit inquiet, ces vagues mouvemens

Sont les avant-coureurs de grands évènemens :
Du nom de Procida souvent il nous menace ;
De ce fier citoyen je redoute l'audace.
Ne peut-il nous tromper par un retour prochain ?
On dit qu'il a juré de venger Conradin ;
On dit...

MONTFORT.

Dans tous les temps la rumeur populaire
Excita mes mépris bien plus que ma colère.
Irai-je, recueillant ces discours mensongers,
Quand tout semble tranquille inventer des dangers,
Suivre de mers en mers un sujet qui s'exile
Pour exhaler sans crainte une haine inutile ?
Lui, qu'il ébranle un joug par le temps affermi !
Vain projet ! Lorédan n'est-il pas mon ami ?
J'aime à me reposer sur sa reconnaissance.
Je le plains, si jamais, trompant ma confiance,
Il tente... A ce penser puis-je encor m'arrêter ?
Un faux bruit répandu doit peu m'inquiéter ;
Et si nous concevons de plus justes alarmes,
Nous sommes tous Français, et nous avons des armes !

GASTON.

Eh ! que sert la valeur contre la trahison ?
Comment se garantir des poignards, du poison,
Des complots meurtriers tramés dans le silence ?

Plus docile aux avis de mon expérience.....

MONTFORT, apercevant la princesse.

Il suffit, cher Gaston; de ces grands intérêts,
Par un devoir pressant mes esprits sont distraits.
Sommes-nous descendus à ce point de détresse,
Qu'il faille pour l'État craindre et veiller sans cesse?
Plus tard, libres de soins, demain, dans quelques jours,
Nous pourrons à loisir poursuivre ce discours.

SCÈNE III.

MONTFORT, AMÉLIE, ELFRIDE.

AMÉLIE.

Retournons sur nos pas... A peine je respire,
Elfride... Il n'est plus temps! ciel! que vais-je lui dire?

MONTFORT.

Combien je dois bénir le bonheur qui me suit!
Ah! madame! vers moi quel dessein vous conduit?
Mais pourquoi me flatter d'une fausse espérance?
Sans doute au hasard seul je dois votre présence,
Et c'est trop présumer de croire que vos yeux,
Qui m'évitent partout, me cherchent dans ces lieux.

Que vois-je? la pâleur couvre votre visage.
Vous pleurez, vous tremblez.....

AMÉLIE.

Soutenez mon courage,
Dieu, soyez mon appui!

MONTFORT.

Vous tremblez près de moi!
Suis-je assez malheurenx pour causer votre effroi?

AMÉLIE.

Je venais..... Lorédan.....

MONTFORT.

Il a parlé, madame?
Aurait-il dévoilé le secret de ma flamme?
Ah! que dois-je augurer du trouble où je vous vois?
Oui, je brûle pour vous, et suis fier de mon choix.
Animé d'un espoir peut-être téméraire,
Je veux vous mériter, et j'aspire à vous plaire;
Remettez-moi le soin de finir vos malheurs,
J'irai dans les combats vaincre sous vos couleurs.
Dans l'Orient troublé plus d'un prince infidèle
Au bruit de nos apprêts s'épouvante et chancelle;
Leur trône est l'héritage ouvert à nos exploits :
La victoire en courant renouvelle les rois.
Souverain à mon tour, du fruit de ma conquête
Puissé-je de mes mains couronner votre tête,

En m'unissant à vous par un nœud solennel !
AMÉLIE.
Nous unis..... nous ! le sort qui me fut si cruel
Permettrait..... Mais, seigneur, la pitié vous égare ;
Un invincible obstacle à jamais nous sépare :
L'ombre de Conradin, sanglant, percé de coups,
Terrible, vous repousse et se place entre nous.
MONTFORT.
Ah ! ne m'opposez pas cette injuste barrière ;
Jeune encor, de la croix je suivais la bannière,
Quand Charles par ce meurtre a souillé ses lauriers.
AMÉLIE.
Vous partagez l'empire avec les meurtriers !
MONTFORT.
Vos pontifes sacrés poussent trop loin l'audace ;
De leurs conseils jaloux je reconnais la trace ;
Des ténèbres du cloître ils dirigent vos pas :
Qu'ils tremblent !
AMÉLIE.
Arrêtez, et ne blasphémez pas !
Celui dont vous bravez la majesté céleste
Refuse ses autels à cet hymen funeste.
Mon père me transmet sa sainte volonté ;
J'entends, j'entends la voix de Conrad irrité ;
Il maudit les bourreaux de sa triste famille,

Et désigne un époux plus digne de sa fille.

MONTFORT.

Un plus digne !... et quel est ce rival odieux ?

AMÉLIE.

Lorédan doit s'unir au sang de mes aïeux.

MONTFORT.

Lorédan ! se peut-il ?

AMÉLIE.

D'où naît votre surprise ?
Avant qu'il vous connût ma main lui fut promise.

MONTFORT.

A Lorédan ? qu'entends-je ?

AMÉLIE.

Il a reçu ma foi...

MONTFORT.

Vous l'aimez, vous !

AMÉLIE.

Seigneur...

MONTFORT.

Il l'emporte sur moi !
Vous l'aimez !... Il semblait insensible à vos charmes !
Lorédan, mon ami, lui, mon compagnon d'armes,
Mon frère !... pour me perdre il m'avait obéi...
Il était mon rival... l'ingrat !... je suis trahi !...

ACTE II, SCÈNE III.

AMÉLIE.

Seigneur, à quel penser votre esprit s'abandonne !
Quoi ! vous le soupçonnez !

MONTFORT.

O Dieu ! je le soupçonne !
Sa trahison éclate à mes yeux indignés ;
Je la vois, j'en gémis... c'est lui que vous plaignez,
Je ne puis soupçonner le traître qui m'outrage !...
Vous l'aimez ! le mépris sera donc mon partage ;
Le mépris..... ô fureur ! ô cœur trop confiant !

AMÉLIE.

Croyez.....

MONTFORT.

Vous le perdez en le justifiant,
Madame.

AMÉLIE.

Je frémis, je crains par ma présence
D'irriter contre lui votre injuste vengeance.
Ciel ! il vient.....

MONTFORT.

Mon courroux sera donc satisfait !

AMÉLIE, à Lorédan.

Qu'avez-vous exigé, cruel ? et qu'ai-je fait ?

SCÈNE IV.

MONTFORT, LORÉDAN.

LORÉDAN.

La princesse vous quitte et s'enfuit éperdue :
Qu'avez-vous ? quel transport vous saisit à ma vue ?

MONTFORT.

Se jouer à ce point de ma crédulité !
(à Lorédan.)
Jamais ressentiment ne fut mieux mérité.
Pouvez-vous feindre encor d'ignorer mon injure ?

LORÉDAN.

Qui vous a fait outrage ?...

MONTFORT.

Un perfide, un parjure,
Un infidèle ami, que j'avais mal jugé,
Qui déchire la main dont il fut protégé,
Qui sous de faux dehors à mes yeux se déguise,
Abuse des secrets surpris à ma franchise,
Qui me perce le sein des plus sensibles coups,
Qui me trahit, me tue; et cet ami, c'est vous.

LORÉDAN.

Moi !

MONTFORT.

Vous, ingrat, oui, vous. Votre audace est extrême :

ACTE II, SCÈNE IV.

Vous attaquer à moi ! me ravir ce que j'aime !

LORÉDAN.

Je devrais mépriser cette aveugle fureur ;
Mais je veux bien descendre à vous tirer d'erreur.
Que me reprochez-vous ? un amour légitime,
Que je pouvais nourrir et vous cacher sans crime.
Avant de déclarer vos projets et vos feux,
Aviez-vous mis, seigneur, un prix à ces aveux ?
Les ai-je provoqués par quelque lâche adresse ?
Cet ami, dont Montfort méconnaît la tendresse,
Profondément blessé, ne se plaint qu'à regret ;
Mais vous trahissait-il en gardant son secret ?

MONTFORT.

Vous l'osez demander, quand votre tyrannie
N'use de son pouvoir sur la faible Amélie
Que pour tromper mes vœux, que pour forcer son choix !

LORÉDAN.

En loyal chevalier j'ai réclamé mes droits.

MONTFORT.

Vos droits ! et d'où vous vient cette arrogance insigne,
De disputer un cœur dont je me suis cru digne ?

LORÉDAN.

D'un discours si hautain justement irrité,
Je vous en dois le prix, seigneur, la vérité.
Ces courtisans nombreux, que la France a vus naître,

Encensent dans vos mains le sceptre de leur maître :
Hélas ! je me crus libre en l'adorant comme eux.....
Mais mon malheur m'apprend qu'il est des malheureux,
Mes yeux s'ouvrent enfin sur le sort de mes frères ;
Croyez-moi, redoutez l'excès de leurs misères.
Ne forcez point ce peuple à sortir du devoir,
Et par pitié pour vous craignez son désespoir.

MONTFORT.

Insensés ! eh ! que peut votre rage inutile ?
Cinq chevaliers français ont conquis la Sicile !

LORÉDAN.

Leur vertu les fit rois bien plus que leurs succès :
Ils étaient généreux, humains, vraiment Français.
Ces valeureux enfans de l'antique Neustrie
D'une race infidèle ont purgé ma patrie ;
Mais vous, quels sont vos droits, vos titres ? nos revers.
Mais vous, qu'avez-vous fait, que nous donner des fers ?
Allez, votre amitié ne veut que des esclaves;
Ses dons sont flétrissans, ses nœuds sont des entraves;
Je les brise, et bénis un effort de fierté
Qui me rend mon estime avec ma liberté.

MONTFORT.

Soyons donc ennemis ! oui, je vous abandonne.
Dépouillé de l'éclat que ma faveur vous donne,
Retombez dans la foule où vous étiez plongé ;

Je ne vous parle plus qu'en vainqueur outragé,
Qu'en maître tout puissant, qui veut qu'on obéisse.
Désormais vous pourrez m'accuser d'injustice,
De vos chagrins amers me proclamer l'auteur :
Je deviendrai pour vous tyran, persécuteur.
Perdez, perdez l'espoir d'obtenir Amélie :
Qu'à me céder sa main votre orgueil s'humilie.
Qu'un exil mérité vous dérobe à ses yeux ;
Fuyez, je vous bannis, et voilà mes adieux.

SCÈNE V.

LORÉDAN.

L'ai-je bien entendu ? c'est à moi qu'il s'adresse !
C'est à moi qu'il défend de revoir la princesse !
Me bannir ! quel abus d'un pouvoir détesté !
Je cède à la fureur dont je suis transporté.
Ciel ! est-il rien d'égal aux affronts que j'endure ?

SCÈNE VI.

LORÉDAN, PROCIDA.

PROCIDA.

L'instant est favorable, il se plaint d'une injure.

Mon fils, pourquoi ce trouble?

LORÉDAN.

Ah! mon père, est-ce vous?
Que je suis indigné! vengez-moi, vengeons-nous.

PROCIDA.

Et de qui?

LORÉDAN.

De Montfort.

PROCIDA.

De votre ami!

LORÉDAN.

D'un maître,
Qui ne méritait pas, qui doit cesser de l'être.

PROCIDA.

Ce vainqueur généreux!...

LORÉDAN.

Dites ce ravisseur.
Du dernier de nos rois me disputer la sœur!
Montfort, un étranger!

PROCIDA.

Quel excès d'arrogance!

LORÉDAN.

Il prétend m'écraser du poids de sa puissance :
Le superbe! c'est peu de m'avoir menacé...

PROCIDA.

Qu'a-t-il fait?

LORÉDAN.

De ces murs, mon père, il m'a chassé.
Il faut que par sa mort...

PROCIDA.

Parlons plus bas; je t'aime;
Je suis de tes affronts blessé comme toi-même.
Te chasser du palais fondé par tes aïeux !

LORÉDAN.

Et j'ai pu contenir mes transports furieux !

PROCIDA.

O despotisme horrible !

LORÉDAN.

O joug insupportable !

PROCIDA.

Il te traite en esclave...

LORÉDAN.

Il me traite en coupable :
Ma honte et mon malheur sont au comble...

PROCIDA.

Mon fils,
Voilà depuis seize ans le sort de ton pays;
D'étrangers, de bannis une horde insolente
Nous tient, depuis seize ans, sous sa verge sanglante.

Quels affronts ou quels maux nous ont-ils épargnés ?
Où fuir, où reposer nos regards indignés ?
Est-il une cité sur ce triste rivage
Que ne désolent pas le meurtre et le pillage ?
La Sicile a perdu ses plus fermes soutiens.
Chaque jour les honneurs, les dignités, les biens,
S'en vont, tout dégouttans du sang de l'innocence,
Décorer l'injustice, enrichir la licence.
Contre ces forcenés les lois sont sans vigueur;
Le commerce inactif expire de langueur.
Tout un peuple, au travail attaché par la crainte,
Ranime en gémissant son industrie éteinte;
Il s'épuise à payer leurs plaisirs onéreux;
Rien ne les satisfait, rien n'est sacré pour eux.
Que ne profanent pas leurs mains insatiables?
Des temples dépouillés les trésors vénérables,
Abandonnés en proie à leur cupidité,
Sont bientôt dévorés par un luxe effronté.
Saint respect des autels, vertus, talens, génie,
Tout meurt dans la contrainte et dans l'ignominie !
O Palerme ! ô douleur ! déplorable cité,
Où sont tes jours de gloire et de prospérité ?
Le deuil couvre ton front flétri par l'esclavage;
Je ne reconnais plus tes mœurs ni ton langage;
Les supplices, le rapt et les bannissemens,

Ouvrent par cent chemins la tombe où tu descends;
Et quand tu vas périr, quand ton heure est prochaine,
Quand je te vois tomber, expirant sous ta chaîne,
Nos meilleurs citoyens ignorent tes malheurs,
Et mon fils est l'ami de tes persécuteurs!

LORÉDAN.

Votre fils veut combattre, et s'immoler pour elle.
Déclarons aux tyrans une guerre éternelle.

PROCIDA.

Silence!... Tes projets sont nobles, ils sont grands :
Faisons jusqu'au tombeau la guerre à nos tyrans;
Ne la déclarons pas.

LORÉDAN.

Je n'ose vous comprendre.

PROCIDA.

Bientôt nos oppresseurs du trône vont descendre.

LORÉDAN.

Hâtons-nous; loin de moi ces détours superflus :
Que chassés de Palerme.....

PROCIDA.

Ils n'en sortiront plus.
Femmes, enfans, vieillards, tous ceux que l'alliance,
L'amitié, l'intérêt asservit à la France,
Confondus avec eux, frappés des mêmes coups,
Suivront dans le cercueil leurs ombres en courroux.

LORÉDAN.

Dois-je vous croire? ô ciel! quel horrible mystère!
Vous conspirez leur perte! ô forfait! vous, mon père?

PROCIDA.

Tu frémis... homme faible! eh! vaut-il mieux pour nous
Dans des fers éternels vieillir à leurs genoux?
Vaut-il mieux en rampant déshonorer sa vie
Que de la prodiguer pour sauver la patrie,
Pour briser l'instrument de sa captivité,
Lui rendre le bonheur, ses lois, sa dignité,
La venger?

LORÉDAN.

Tout mon cœur s'émeut à ce langage!
Mais les assassiner sans pitié, sans courage!

PROCIDA.

De la pitié pour eux? quoi, pour ces inhumains?
Fatigués de nos cris, nous ont-ils jamais plaints?
D'un pouvoir usurpé leur insolence abuse.
La force est dans leurs mains, triomphons par la ruse.
Ce combat comme à nous peut leur être fatal;
Égaux sont les périls, le courage est égal.
Qu'un simple citoyen, sans appui que lui-même,
Dispute à des vainqueurs l'autorité suprême;
Trompant les ennemis dont il marche entouré,
De chaque malheureux qu'il fasse un conjuré,

Quand sa perte dépend d'un seul mot, d'un seul geste,
Ferme dans ses desseins, foulant aux pieds le reste,
Qu'il offre aux coups du sort un cœur exempt d'effroi;
Est-ce un lâche à tes yeux? prononce, et juge-moi.
Dis-moi si le guerrier que le glaive moissonne
Mérite mieux l'honneur dont sa mort le couronne?
Il s'immole à ses rois, j'expire pour le mien.
Ah! que mon sacrifice est plus grand que le sien!
La gloire prête un charme aux horreurs qu'il affronte;
Et peut-être demain je meurs chargé de honte,
Traîné sur l'échafaud, lentement déchiré;
Et tout ce peuple ingrat pour qui je périrai,
S'enivrant du plaisir de compter mes blessures,
Viendra, la joie au front, sourire à mes tortures.

LORÉDAN.

Ah! le même tombeau nous recevra tous deux.
Notre sang confondu...

PROCIDA.

    Que dis-tu, malheureux?
Où m'emporte un courroux dont je ne suis plus maître?
A ton cœur généreux j'ai trop parlé peut-être.
Pourquoi t'exposerais-je aux dangers que je cours?
Ne me condamne pas à trembler pour tes jours;
Garde-toi d'embrasser, dans l'ardeur de ton zèle,
Le dangereux projet que ma voix te révèle;

Qu'il meure dans ton sein, j'en demande ta foi ;
Voilà l'unique effort que j'exige de toi.
Tu dois tout ignorer, tu n'es pas mon complice ;
Tu vivras ; que le sort me soit ou non propice,
Tu vivras ; pour moi seul, à mes derniers momens,
J'ai droit de réclamer l'opprobre et les tourmens ;
Seul, au fer des bourreaux j'irai porter ma tête...

LORÉDAN.

Il n'est plus ni pitié ni respect qui m'arrête ;
Vos timides conseils ne me retiendront pas.
Faut-il frapper ? parlez, et dirigez mon bras.

PROCIDA.

Non, tu ne démens pas les héros de ta race.
Viens, mon fils, viens, mon sang, que ton père t'embrasse ;
Espoir de mes vieux jours, viens recueillir des pleurs
Que n'ont pu m'arracher dix-huit ans de malheurs...
N'hésite plus... suis-moi...

LORÉDAN.

                Sans revoir la princesse,
Sans l'instruire ?

PROCIDA.

          Suis-moi, te dis-je, le temps presse.

LORÉDAN.

Loin des murs du palais si l'effroi la conduit,
Errante, sans secours, dans l'ombre de la nuit...

Si quelque meurtrier...
PROCIDA.
Nous veillerons sur elle ;
Viens, les instans sont chers, et l'honneur nous appelle.
LORÉDAN.
Eh bien ! c'en est donc fait ! le sort en est jeté,
Partons... Adieu, séjour par le crime habité !
Et vous, de mes aïeux vénérables images,
J'en fais serment par vous, témoins de mes outrages :
Du dernier des tyrans ces murs seront purgés,
Et nous n'y rentrerons que vainqueurs et vengés.

FIN DU DEUXIÈME ACTE.

ACTE TROISIÈME.

SCÈNE I.

AMÉLIE, ELFRIDE.

ELFRIDE.
Vous sortez du lieu saint, abattue et tremblante.
Quel sinistre penser vous glace d'épouvante?
Vous frissonnez; vos yeux, fixés sur cet écrit,
Trahissent le désordre où flotte votre esprit.
Ah! pour vous quel malheur faut-il que je redoute?
AMÉLIE.
Un autre est menacé : tu vas frémir, écoute :
Le prêtre accomplissait les mystères divins;
Du temple un peuple immense assiégeait les chemins,
J'arrive; prosternée au pied du sanctuaire,
J'implorais du Très-Haut la bonté tutélaire;
Je priais : par degrés d'affreux pressentimens
D'une terreur croissante ont pénétré mes sens.

Distraite, malgré moi, soit pitié, soit faiblesse,
L'image de Montfort me poursuivait sans cesse.
Je le voyais trahi, fuyant, abandonné,
Par l'ange de la mort dans sa fleur moissonné.
J'ai vu, j'en tremble encor, la céleste vengeance
Sur les marbres sanglans écrire sa sentence.
Peut-être à cet aspect j'avais pâli d'effroi ;
Un pontife du ciel s'est incliné vers moi :
« Bannissez, m'a-t-il dit, cette douleur profonde.
« J'en ai l'espoir, ce jour, où le Sauveur du monde
« S'éleva triomphant des ombres du tombeau,
« Ce jour doit éclairer un miracle nouveau.
« Il doit nous sauver tous. » J'écoutais en silence.
Lorédan près de nous dans la foule s'avance :
« Lisez ce qu'un ami vous révèle en secret;
« Il y va de vos jours ! » Il dit, et disparaît.
Juge de quelle horreur j'ai senti les atteintes,
Quand ce fatal billet a confirmé mes craintes.

« Renfermée au palais, loin des sacrés parvis,
« Attendez le lever de la prochaine aurore.
« Vos amis, quoique absens, vous protégent encore,
« Et l'un d'eux vous transmet cet important avis.
« Il doit une victime au sang de votre frère :
« L'heure approche où dans l'ombre un châtiment soudain

« Vengera sur Montfort, et la Sicile entière,
   « Et le meurtre de Conradin. »

ELFRIDE.

Eh! qu'importe pour vous qu'un ennemi périsse?
Pourquoi dans son trépas vous chercher un supplice?
Quel changement! Jadis vos soupirs et vos pleurs
Ne demandaient au ciel que du sang, des vengeurs.

AMÉLIE.

Il m'a trop écoutée; alors j'étais barbare...
Dans quels vœux indiscrets la fureur nous égare!

ELFRIDE.

Quoi! déjà pour Montfort votre cœur désarmé...!

AMÉLIE.

Peut-être au repentir le sien n'est pas fermé!
Que de nobles vertus il reçut en partage!
L'ardente ambition seule en corrompt l'usage.
Ah! de ces dons heureux les mains qui l'ont orné
A des tourmens sans fin ne l'ont pas condamné.
Non, je ne le puis croire, et ma raison tremblante
Devant ce châtiment recule d'épouvante.
Que n'ai-je interrogé les ministres de Dieu?
Comment doit-il périr? à quelle heure? en quel lieu?
Quels sont les assassins? hélas! que dois-je faire?
A ce trépas certain ne puis-je le soustraire?

ELFRIDE.

Le sauver, vous, Montfort!... Qu'osez-vous désirer?

AMÉLIE.

S'il quitte ce palais, c'est pour n'y plus rentrer...
Non, tu ne prévois pas quel danger le menace.
Leur bras pour le frapper cherche déjà la place...
On l'attend... ils sont là...

ELFRIDE.

Cachez mieux vos frayeurs.
Quelqu'un vers nous s'avance...

AMÉLIE.

Ah! c'est lui, je me meurs...

ELFRIDE.

Venez; loin de ses yeux souffrez que je vous guide.

AMÉLIE.

Je le voudrais en vain; je ne le puis, Elfride;
Un lien invisible attache ici mes pas:
Demeure; par pitié, ne m'abandonne pas.

SCÈNE II.

AMÉLIE, MONTFORT, ELFRIDE.

MONTFORT.

De mes fureurs, madame, accusez un perfide.
J'ai pu blesser les lois de ce respect timide
Qu'un chevalier, trompé dans ses vœux les plus chers,
Garde encore à l'objet dont il porta les fers.
Je le sais; j'aurais dû, plus grand, plus magnanime,
Commander aux transports d'un courroux légitime,
Épargner un rival indigne de mes coups,
Et forcer votre estime en l'unissant à vous.
Je l'ai banni, madame; il triomphe à ma honte
De ce coupable abus d'un pouvoir qu'il affronte...
Loin de moi le plaisir qu'un tyran peut chercher
Dans les tourmens d'un cœur qu'il n'a pas su toucher.
Je révoque un arrêt dont ma gloire murmure :
J'avilirais le sceptre à venger mon injure.
Sans crainte Lorédan peut revoir ce séjour;
Qu'il reprenne son rang, qu'il se montre à la cour,
Que l'ingrat, sur ma foi, goûte un bonheur tranquille.
Avant la fin du jour je quitte cet asile,

Où le premier des droits de l'hospitalité
Par un ami trompeur ne fut pas respecté.

AMÉLIE.

Quoi ! vous partez, seigneur ?

MONTFORT.

Je le dois, je m'empresse
D'affranchir vos regards d'un aspect qui les blesse.
Je n'éclaterai point en regrets superflus.
Vos vœux seront remplis, vous ne me verrez plus.

AMÉLIE.

Hélas ! il dit trop vrai !

MONTFORT.

Sur les discours d'un traître,
Vous me jugez, madame, et pensez me connaître.
Ces prêtres ombrageux, de qui ma fermeté
Ne sait point encenser la fière humilité,
M'ont dépeint devant vous comme un monstre, un impie.
Il n'est point de forfaits que mon trépas n'expie,
Et, perdant un superbe en son crime obstiné,
Au tribunal de Dieu leur voix m'a condamné.

AMÉLIE.

Elle est des saints décrets l'interprète fidèle ;
Le coupable périt par son mépris pour elle :
Il ne voit pas l'abîme entr'ouvert sous ses pas...
Quelque pressentiment ne vous glace-t-il pas ?

ACTE III, SCÈNE II.

MONTFORT.

Moi, que voulez-vous dire?

AMÉLIE.

Un effroi salutaire
Sur des périls cachés quelquefois nous éclaire.

MONTFORT.

Quel sentiment vous porte à trembler pour des jours
Dont vos mortels refus empoisonnent le cours?
Serait-ce la pitié?... J'étais loin de m'attendre
Qu'à l'inspirer jamais l'amour me fît descendre,
Et qu'on dût m'abaisser jusqu'à plaindre mon sort!
Madame, c'en est fait...

AMÉLIE.

S'il me quitte, il est mort!

MONTFORT.

Je veux vous épargner un sentiment pénible,
Je m'éloigne...

AMÉLIE.

Ah! Montfort!

MONTFORT.

O ciel! est-il possible?
Quoi! vous me rappelez!

AMÉLIE.

Où voulez-vous courir?
Ce peuple est malheureux; il est las de souffrir.

Aux mânes de ses rois brûlant de satisfaire,
S'il formait contre vous un complot sanguinaire...

MONTFORT.

Il n'oserait, madame.

AMÉLIE.

Un lâche, un meurtrier
A son zèle inhumain peut vous sacrifier.

MONTFORT.

Il n'oserait, vous dis-je.

AMÉLIE.

Oh! quelle étrange ivresse
Vous pousse en furieux au piége qu'on vous dresse!
Craignez vos ennemis; pour ce peuple et pour eux
Cessez de vous parer d'un mépris dangereux.
Est-ce donc par l'orgueil que brille un vrai courage?
S'obstiner à périr, c'est une aveugle rage;
C'est payer de son sang un vain et faux honneur.

MONTFORT.

Et qu'importe la vie à qui perd le bonheur?
Pourquoi m'inquiéter d'un fardeau qui m'accable?
Pour nourrir sans espoir un amour déplorable,
A mon repos, au vôtre, à ma gloire fatal;
Pour voir et pour orner le succès d'un rival?
Non, d'un lâche ennemi si le bras m'assassine,
C'est vous qui conduisez les coups qu'il me destine.

ACTE III, SCÈNE II.

Triomphez, vos désirs sont enfin satisfaits!

AMÉLIE.

Que je triomphe, ô Dieu, du plus noir des forfaits!
Qui? moi, de votre mort! et vous l'avez pu croire!
Je poursuis de mes vœux cette horrible victoire!
Dans ces yeux, que vos soins n'ont jamais attendris,
Vous ne voyez encor que haine et que mépris?
Barbare, ta fierté, qu'un moment j'ai blessée,
Défend bien ton esprit d'une telle pensée.
Tu te complais peut-être en ta funeste erreur,
Pour jouir de mon trouble, observer ma terreur.
Oui, ces chagrins cuisans dont l'ardeur me consume,
Ce cœur chargé d'ennuis et gonflé d'amertume,
Tant de pleurs répandus, mes remords, mes combats,
T'ont prouvé malgré moi que je ne te hais pas:
Tu te fais une joie orgueilleuse et cruelle
D'attacher sur mon front une honte éternelle;
Tu veux forcer ma bouche à se déshonorer
Par l'aveu d'un amour que tu feins d'ignorer.
Va, ta gloire est entière, et ta faible victime
Périra dans l'opprobre en détestant son crime,
Et sans se pardonner à ses derniers momens
D'avoir trahi pour toi le plus saint des sermens.
Mais tu cours au trépas, tu meurs si je balance;
Mourons donc confondus dans la même vengeance.

L'éternité pour nous s'arme de tous ses feux :
Eh bien ! que le ciel tonne et nous perde tous deux !
Je t'aime, ingrat ! tiens, lis...

(Elle lui présente le billet.)

MONFORT.

Ah ! que viens-je d'apprendre ?

(lisant.)

Que vois-je ?

SCÈNE III.

AMÉLIE, MONTFORT, ELFRIDE, GASTON.

GASTON.

Sans témoins, seigneur, daignez m'entendre.
Le salut de l'État commande qu'à l'instant
Je révèle à vous seul un secret important.

MONTFORT, avec impatience.

Parlez, que voulez-vous ? parlez.

GASTON.

Ma crainte augmente.
Une sombre fureur dans les esprits fermente.
Tandis que nos guerriers, instruits par vos leçons,
Comme un rêve insensé méprisent mes soupçons,

ACTE III, SCÈNE III.

Les grands, environnés d'esclaves fanatiques,
Travaillent au succès de leurs sourdes pratiques.
Procida m'est suspect; sachez que cette nuit
La mer sur un esquif dans le port l'a conduit.

AMÉLIE.

Je tremble!

MONTFORT.

Procida!

GASTON.

Sur un avis fidèle,
De son retour prochain j'attendais la nouvelle;
Vous auriez tout appris, si de tels intérêts
Enchaînaient un moment vos désirs inquiets.
Mais quel frein opposer à leur impatience?
J'ai su, réduit par vous à garder le silence,
Entourer le palais d'amis sûrs et prudens;
Un d'eux l'a reconnu sous d'obscurs vêtemens:
Par mon ordre arrêté, devant vous on l'entraîne.

AMÉLIE.

Je le perds!

MONTFORT.

Sur ces bords quel dessein le ramène?

GASTON.

Sans doute un grand complot, prêt à s'exécuter,
Avait besoin d'un chef pour oser éclater.

Des piéges qu'il nous tend démêlons l'artifice ;
La vérité jaillit du plus léger indice :
Pour le convaincre, un mot, un seul témoin suffit.
Coupable, il doit périr...

AMÉLIE, dans le plus grand trouble, à Montfort.

Rendez-moi cet écrit.

GASTON.

L'État vous le défend s'il nous révèle un crime.

MONTFORT, bas.

En voulant la sauver, vous nommez la victime.

AMÉLIE.

O justice éternelle! est-ce lui que j'entends?
Voilà le digne prix de mes égaremens ;
Il m'arrache le jour que ma bonté lui donne.

(à Elfride.)

Ote-moi de ces lieux... La raison m'abandonne...
Ah! le cruel! pour lui j'ai tout sacrifié;
J'ai tout trahi, mon Dieu, l'honneur et l'amitié.

SCÈNE IV.

MONTFORT, GASTON.

GASTON.

Lorédan suit mes pas, frémissant de colère:
Il se plaint de l'affront dont j'ai flétri son père.
Instruit, n'en doutez point, de ce retour secret,
Pourquoi l'a-t-il caché?

MONTFORT.

Quel que fût son projet,
Ne le soupçonnez pas d'une basse vengeance;
Amant et malheureux, quels droits à l'indulgence!
Je suis aimé, Gaston, j'oublie en ce moment
Qu'il a trop écouté son fol emportement.
J'étais cruel, injuste, et, malgré mon offense,
Je crois que Lorédan fût mort pour ma défense.

SCÈNE V.

MONTFORT, LORÉDAN, PROCIDA, GASTON,
CHEVALIERS, GARDES.

LORÉDAN.
M'apprendrez-vous enfin, seigneur, quels sont vos droits
Pour opprimer le faible et pour braver les lois ?
Se reposant sur vous du poids d'un diadème,
Le roi vous a-t-il fait plus roi qu'il n'est lui-même ?
D'où vient que son ministre, avec impunité,
Ose porter les mains sur notre liberté ?

PROCIDA.
(à Montfort.)
Contenez-vous, mon fils. Quelle est l'injuste cause
Du traitement étrange où mon retour m'expose ?

MONTFORT.
Qui vous rend si hardi que de m'interroger ?

PROCIDA.
Apprenez-moi mon crime avant de me juger.

MONTFORT.
Ennemi déclaré de ce naissant empire,
Trop fier pour être utile, et trop faible pour nuire,

Aux pieds des souverains rampant de cours en cours,
Vous avez contre nous mendié leur secours.

PROCIDA.

Non, seigneur; mais j'ai vu la Sicile asservie,
Avec la liberté j'ai fui de ma patrie.

MONTFORT.

Aujourd'hui dans son sein qui vous force à rentrer?

PROCIDA.

J'ai voulu la revoir avant que d'expirer.

MONTFORT.

Quoi! pour livrer vos mains à d'indignes entraves!

PROCIDA.

Pour vivre et mourir libre au milieu des esclaves.

MONTFORT.

Vous perdez le respect, vieillard audacieux!

PROCIDA.

Je ne sais qui de nous l'a conservé le mieux.
J'honore votre rang et le fais sans bassesse;
Mais ne devez-vous rien, seigneur, à ma vieillesse?

MONTFORT.

Non, traître; je connais votre horrible dessein.

LORÉDAN.

Il sait tout!

PROCIDA.

Quel est-il?

MONTFORT.

De me percer le sein.

PROCIDA.

Moi?

MONTFORT.

(à Lorédan.)

Toi-même, toi seul. Ah! ce crime est infame!
Jamais tant de noirceur n'aurait souillé ton ame.
On t'osait soupçonner, ma voix t'a défendu.
Que ton accusateur d'un mot soit confondu;
Ta foi me suffira, j'en croirai ta réponse :

(lui montrant le billet.)

Connais-tu le complot que cet écrit dénonce?

LORÉDAN.

En croirai-je mes yeux? Il est trop vrai...

PROCIDA.

Mon fils!

LORÉDAN.

Dans vos mains! se peut-il?... Dieu! qui vous l'a remis?

MONTFORT.

Quoi! tu serais l'auteur...?

LORÉDAN.

Parlez... Ah! l'infidèle!
Quel prix de mes bienfaits, de mon amour pour elle!

PROCIDA.

Insensé! que dis-tu?

ACTE III, SCÈNE V.

LORÉDAN.

J'ai dit la vérité.

MONTFORT.

Ce billet criminel.....

LORÉDAN.

C'est moi qui l'ai dicté.
Du fer sacré des lois tu profanais l'usage :
Tyran, je l'ai saisi pour sortir d'esclavage.
Dans un sang odieux brûlant de le tremper,
Pour lui rendre l'honneur, j'ai voulu t'en frapper.
Que mon dernier aveu t'éclaire et te délivre
Des soupçons outrageans où la terreur te livre.
J'étais de ce dessein l'auteur et l'instrument ;
Mon père l'ignorait, mon père est innocent.
Hélas ! j'ai cru servir, en t'arrachant la vie,
L'ingrate qui t'adore et qui me sacrifie ;
Elle veut mon trépas, je l'attends sans effroi,
Et même de ta main c'est un bienfait pour moi.

(à Procida.)

Il vous rend l'innocence, il va briser ma chaîne ;

(à Montfort.)

Il assemble sur toi plus d'opprobre et de haine.
Achève, je suis prêt, tu le peux ordonner :
C'est moi qui suis coupable et qu'il faut condamner !

MONTFORT.

Malheureux, tu te perds! crois-tu sauver ta gloire
Par ce superbe aveu d'une fureur si noire?

LORÉDAN.

Je vous l'ai dit, mon cœur ne me reproche rien;
Faites votre devoir, j'ai cru faire le mien.

MONTFORT.

Tu le veux, j'y consens! l'État qui me contemple
Attend de ma rigueur un effrayant exemple :
Ton inflexible orgueil m'excite à le donner...
D'où vient que ma pitié s'obstine à pardonner?
Amitié, dont la voix crie au fond de mon ame,
Contre toi vainement mon équité réclame!
Que mes jours, s'il le faut, soient encor menacés,
Je conserve les siens, qu'il vive, c'est assez :
Celui que j'ai chéri, que j'ai nommé mon frère,
Ne saurait dépouiller ce sacré caractère.

(à Lorédan, qui veut l'interrompre.)

N'espérez plus, seigneur, rallumer mon courroux;
Écoutez-moi, je veux vous sauver malgré vous.
Apprenant vos fureurs, le roi dans sa justice
Doit sans doute au forfait égaler le supplice.
Ce soir, sur un esquif abandonnant ces bords,
Dérobez votre tête à ses premiers transports.

(à Procida.)

Vous suivrez votre fils. Je sais qu'on vous soupçonne,
Et, quel qu'en soit le but, ce prompt retour m'étonne.
Gardez de murmurer quand ma sévérité
Assure mon repos et votre liberté.
Par cet ordre envers vous ma faveur se déclare.
Tous mes torts, Lorédan, ce moment les répare!
Je suis quitte avec toi, je ne suis point clément.
Ah! quand on est heureux, qu'on pardonne aisément!

LORÉDAN.

Moi, de votre pitié j'accepterais ma grace!
Ma faute m'avilit si mon sang ne l'efface...

PROCIDA.

Vivez pour m'obéir et pour la réparer.

MONTFORT.

Je puis hâter l'instant qui vous doit délivrer,
Mais non vous affranchir d'un reste de contrainte :
De ces murs, pour prison, je vous donne l'enceinte.

(à Gaston.)

Qu'une garde nombreuse entoure le palais;
De nos remparts peut-être on veut troubler la paix;
Parcourez-les, Gaston ; s'il est quelque rebelle,
Que votre seul aspect au devoir le rappelle.
Qu'on rassemble les chefs des plus nobles maisons;
Je veux me dégager du poids de mes soupçons,

M'appuyer du secours de leur expérience :
Ils attendront ici mon ordre ou ma présence.
(à Lorédan et Procida.)
Croyez-moi, près du trône il vous reste un ami,
Et le temps prouvera s'il pardonne à demi.
Votre danger commun plus que moi vous exile ;
Puisse votre retour au sein de la Sicile
Nous unir par des nœuds plus sacrés désormais !
Lorédan, c'est ainsi que se venge un Français.

SCÈNE VI.

PROCIDA, LORÉDAN.

PROCIDA.

Tu demeures sans voix et restes immobile...
N'attends pas de ma bouche un reproche inutile.
Les instans sont trop chers pour les perdre en discours.

LORÉDAN.

Et j'ai pu consentir qu'il épargnât mes jours !

PROCIDA.

Il a proscrit les miens dont il s'est fait l'arbitre.
Pourquoi m'a-t-il banni ? par quel ordre ? à quel titre ?
Que lui dois-tu toi-même ? O pardon généreux !

Un exil qui, plus juste, en devient plus honteux,
Qui lui livre tes biens, ta gloire, ton amante.

LORÉDAN.

Comme ils triompheront de ma rage impuissante !
L'hymen va couronner leurs infames amours.....
Qu'ils s'unissent ! Fuyons... Mais la fuir pour toujours !
Mais sans l'avoir punie et sans que ma colère...
Ah ! perfide, jamais tu ne me fus si chère.

PROCIDA.

Nous ne partirons pas, modérez ces transports.
Vainement le succès veut tromper nos efforts.

LORÉDAN.

Ciel !

PROCIDA.

Les ressorts cachés qui m'y doivent conduire,
Se soutiennent l'un l'autre et ne sauraient se nuire.
Tout m'obéit encore, et tout marche animé
D'un mouvement commun par mon ordre imprimé.
Que je sois prisonnier, que je cesse de vivre,
Ou Fondi me succède, ou son bras me délivre.
Au retour de la nuit il pénètre en ces murs.
Deux cents de nos guerriers, amis fermes et sûrs,
Et de qui la valeur doit triompher du nombre,
Des hauteurs d'Alcassar vont se saisir dans l'ombre.
Oddo s'introduit seul dans le palais du roi :

Ce fort est sans défense, et la garde est à moi.
Tandis que, rassurant tout un peuple qui tremble,
Au cri de liberté Borella le rassemble;
De Malte, avant le jour, cent proscrits attendus,
En vainqueurs sur nos bords sont bientôt descendus.
Des portes de la mer leur cohorte s'empare;
Les soldats sont surpris, Palerme se déclare;
Chaque temple présente aux plus audacieux
Des armes que nos soins cachent à tous les yeux...

LORÉDAN.

Mais le temps pourra seul consommer votre ouvrage,
Et le peuple inconstant n'a qu'un jour de courage.

PROCIDA.

Il faudra l'arrêter; vain jouet de l'erreur,
Il adore avec crainte, il hait avec fureur.
S'il renverse un despote, il le poursuit encore
Dans les plus vils appuis d'un pouvoir qu'il abhorre;
Ses vengeances toujours surpassent ses tourmens :
L'homme écrase à plaisir ce qu'il a craint long-temps.
Salviati s'approche...

LORÉDAN.

Aveuglé par son zèle,
Quel dessein téméraire en ces murs le rappelle?

PROCIDA.

Courtisan de Montfort, connu dans le palais,

Du soupçon sa faveur doit détourner les traits.
Que viens-tu m'annoncer?

SCÈNE VII.

PROCIDA, LORÉDAN, SALVIATI.

SALVIATI.

Notre perte est certaine.

PROCIDA.

Que dis-tu?

SALVIATI.

Plus d'espoir de rompre notre chaîne.
Fondi, dans le conseil appelé par Montfort,
A trouvé près du trône ou des fers ou la mort,
Il n'a point reparu.

PROCIDA.

Sa mort sera vengée!

SALVIATI.

Mais le fort nous échappe, et la garde est changée.

PROCIDA.

Les armes à la main il le faut emporter.

SALVIATI.

La mer contre nos vœux semble se révolter.

Contre nous déclarés, les vents et les orages
Défendent aux proscrits d'approcher des rivages.

PROCIDA.

Il faut vaincre sans eux.

SALVIATI.

Les chefs des conjurés,
De l'ordre de Montfort troublés, désespérés,
N'écoutant qu'à regret ma voix qui les arrête,
Veulent par un aveu détourner la tempête.

PROCIDA.

Tu n'as pas ranimé leur courage abattu?

SALVIATI.

L'effroi dans tous les cœurs a glacé la vertu.

LORÉDAN.

Eh bien, mon père?

PROCIDA.

Eh bien, j'approuve leur prudence.
Ensemble de Montfort implorons la clémence.
Cet ordre inattendu qui les mande à la cour
Leur ouvre comme à toi l'accès de ce séjour.
Gaston seul est à craindre, et son retour funeste.....
Il n'importe, obéis; je prends sur moi le reste.
Qu'ils viennent, dans une heure ici je les attends.
Gardons une heure encor la foi de nos sermens.
Est-ce trop exiger? oseront-ils se taire?

ACTE II, SCÈNE VII.

SALVIATI.

Tout restera voilé du plus profond mystère.

PROCIDA.

Tu le jures? Je puis me reposer sur toi?

SALVIATI.

Comptez sur ma parole.

PROCIDA.

(à Lorédan.)

Adieu. Vous, suivez-moi.

FIN DU TROISIÈME ACTE.

ACTE QUATRIÈME.

SCÈNE I.

LORÉDAN, AMÉLIE.

LORÉDAN.

Vous daignez, par égard au malheur qui l'accable,
Accorder l'entretien que demande un coupable!
Un banni!

AMÉLIE.

Quels regards! ah! vous m'épouvantez.
Laissez-moi m'éloigner, laissez-moi fuir...

LORÉDAN.

Restez.
Contraint d'abandonner les lieux qui m'ont vu naître,
Je vous quitte, Amélie, et pour toujours peut-être;
Sans cesse importuné de témoins odieux,
Faudra-t-il vous forcer d'entendre mes adieux?
Un horrible soupçon me tourmente et me ronge;
Délivrez-moi du trouble où ce doute me plonge:

Gardez de me tromper, songez que je vous vois,
Que je vais vous parler pour la dernière fois.

AMÉLIE.

(à part.)

Expliquez-vous, seigneur. Ah! je frémis d'avance.

LORÉDAN.

Je veux savoir de vous si la reconnaissance,
Si l'amour, les sermens reçus par l'Éternel,
La ferveur qu'on étale au pied de son autel,
Si le respect profond des droits de la nature,
Ne sont qu'un jeu cruel, un piége, une imposture.

AMÉLIE.

Vos étranges discours redoublent mon effroi.

LORÉDAN.

Vous pouvez sans remords lever les yeux sur moi!
Une lettre en secret tantôt vous fut remise...

AMÉLIE.

Il est vrai.

LORÉDAN.

Dans vos mains on ne l'a pas surprise?

AMÉLIE.

Non...

LORÉDAN.

Qu'en avez-vous fait?... Contiens-toi, malheureux.
Montrez-moi cet écrit... il le faut... je le veux!...

ACTE IV, SCÈNE I.

AMÉLIE.

Mes yeux s'ouvrent enfin, la raison m'est rendue,
Pour mesurer l'abîme où je suis descendue.
Accablez-moi, seigneur, je l'ai trop mérité.
Mes coupables transports, mes feux ont éclaté.
Montfort...

LORÉDAN.

Perfide amante, épouse criminelle,
Quel nom laisse échapper votre bouche infidèle?
Lui seul il vous accuse! Ah! cette trahison
Est horrible, inouïe, indigne de pardon.
Pâle, vous attendez l'arrêt qui va la suivre...
Ne craignez point... vivez... je vous condamne à vivre,
A traîner dans les pleurs des jours empoisonnés
Par tous les noirs chagrins que vous m'avez donnés.
Puisse le digne objet d'une flamme si pure,
Volage comme vous et comme vous parjure,
Éveiller dans vos sens, de terreur dévorés,
Les jalouses fureurs dont vous me déchirez!
Puisse-t-il, méprisant vos larmes vengeresses,
Repousser d'un sourire et glacer vos tendresses!
Vous gémirez trop tard sur le sort d'un époux,
Si lâchement trompé, proscrit, chassé par vous...
O fatale beauté que j'aimai sans partage,
Qui t'honora jamais d'un plus constant hommage?

Mon dévoûment pour toi te fut-il bien connu?
Quel ordre, quel désir n'ai-je pas prévenu?
Que ne me dois-tu pas, trop ingrate Amélie?
Et tu m'as tout ravi : biens, honneur et patrie!

AMÉLIE.

Non, vous ne mourrez pas sur quelque bord lointain;
Montfort va révoquer ce décret inhumain;
Montfort contre mes pleurs ne pourra se défendre....
Non, je cours à ses pieds...

LORÉDAN.

Eh! qu'oses-tu prétendre?
Tu peux en m'exilant payer tous mes bienfaits,
Me perdre, m'immoler, mais m'avilir, jamais.
Mes maux sont ton ouvrage, ils seront ma vengeance;
Toi, qui fus sans pitié, souffre sans espérance.

Je puis t'abandonner; oui, je mourrai content,
J'ai corrompu ta joie, et te laisse en partant
Ces remords assidus, cruels, inexorables,
Que l'Éternel attache au bonheur des coupables.
A mes yeux plus long-temps tremble de te montrer;
J'ignore où la fureur me pourrait égarer!

AMÉLIE.

Réservée aux douleurs dont ma faute est suivie,
Je ne méritais pas qu'il m'arrachât la vie.

SCÈNE II.

LORÉDAN.

C'en est fait! à la fuir je me suis condamné.
Ah! peut-être un Français, Montfort, eût pardonné!
Eh quoi! ne puis-je encor... Moi, que je la rappelle!...
Périsse la perfide, et Montfort avec elle!

SCÈNE III.

LORÉDAN, PROCIDA.

PROCIDA.

Oh! que l'incertitude est un affreux tourment,
Et qu'une heure d'attente expire lentement!
Nos conjurés, mon fils, tardent bien à paraître.

LORÉDAN.

Ils viendront assez tôt pour fléchir sous un maître.
Nous allons de Montfort embrasser les genoux!

PROCIDA.

Peut-être...

LORÉDAN.

Contre lui que peut notre courroux?

Gaston veille en ces lieux; le tromper, le séduire,
Vous ne l'espérez pas.

PROCIDA.

Il ne peut plus me nuire.

LORÉDAN.

Comment?...

PROCIDA.

Nous parcourions ces portiques déserts
Qui des murs du palais dominent sur les mers.
J'observe, il était seul. Soudain je prends ce glaive,
Je me retourne et frappe; il tombe, je l'enlève,
L'abîme l'engloutit, et sa mourante voix
M'accuse au sein des flots pour la dernière fois.

LORÉDAN.

Mais ne craignez-vous pas que bientôt son absence...?

PROCIDA.

Il est de ces instans où l'audace est prudence...
Montfort pour reposer vient d'éloigner sa cour;
Il sommeille, accablé par la chaleur du jour...

LORÉDAN.

Qu'osez-vous méditer?

PROCIDA.

Nos amis vont m'entendre.
Malheur à l'imprudent qui nous viendrait surprendre!

(Il descend au fond du théâtre, d'où l'on découvre la cathédrale
et les principaux monumens de Palerme.)

O berceau d'un grand peuple ! ô cité que mes yeux
Ont vu libre en s'ouvrant à la clarté des cieux !
Dans tes remparts sacrés j'ai reçu la naissance ;
Reçois la liberté de ma reconnaissance !

LORÉDAN.

Vous me rendez l'espoir.

PROCIDA.

Toi, qui nous a trahis,
Je te crois digne encor de sauver ton pays.
Ta faute inspire à tous un mépris légitime ;
Choisis pour l'expier quelque grande victime.
Ils viennent, je les vois.

SCÈNE IV.

Les précédens, SALVIATI, FONDI, PHILIPPE D'AQUILA, ODDO, BORELLA, LORICELLI, SELVA, etc.; conjurés.

SALVIATI.

Nous voici rassemblés.
La mort plane sur nous, le temps presse, parlez.

PROCIDA.

Selva, Loricelli, veillez sous ces portiques.

(aux conjurés.)

Ministres généreux des vengeances publiques,
Vous dont trois ans d'attente ont éprouvé la foi,
Je vous connus toujours incapables d'effroi;
Votre dessein m'étonne, amis, et je dois croire
Qu'un parti si honteux révolte votre gloire.
Je ne vous blâme point : l'impuissance d'agir
Le commandait peut-être, et défend d'en rougir;
Mais au glaive étranger avant d'offrir ma tête,
J'ai voulu vous soumettre un doute qui m'arrête :
Nos torts, par un aveu seront-ils expiés?
Quand ces fiers ennemis nous tiendront à leurs pieds,
Qui peut vous assurer que leur reconnaissance
Vous accorde un pardon que vous payez d'avance?

SALVIATI.

Il serait dangereux d'oser nous punir tous.

PROCIDA.

Eh! qui choisiront-ils? Prêt à mourir pour vous,
S'ils ne frappent que moi, je bénis mon supplice;
Mais je crains leur clémence autant que leur justice;
L'intérêt pour un temps peut détourner leurs traits;
On saura tôt ou tard vous créer des forfaits;
Et, brisant par degrés le nœud qui vous rassemble,
Punir séparément ceux qu'on épargne ensemble.
Est-il un seul de vous qui ne tremble pour lui?

ACTE IV, SCÈNE IV.

Demain il périra s'il échappe aujourd'hui.
Oui, vous périrez tous. Vous demandez la vie...
Ah! souhaitez plutôt qu'elle vous soit ravie.
De leur bonté suprême il faudrait l'acheter
Au prix de tous les biens qui la font regretter.
Descendez de ce rang que la gloire environne ;
Les vainqueurs sont jaloux du pouvoir qu'il vous donne,
Ils ne pardonneront qu'en vous affaiblissant :
Tant qu'on est redoutable on n'est point innocent.
Vous espérez en paix jouir de vos richesses :
Ne vous en flattez pas, ils craindraient vos largesses.
Ces noms que huit cents ans Palerme a révérés,
Ils vous resteront seuls, vous les déshonorez.
Insensés! vous payez de votre ignominie
Les tourmens mérités d'une lente agonie.
Est-ce donc vivre, ô ciel! que trembler de mourir,
Que d'obéir toujours, que de toujours souffrir,
Ou, nourris des bienfaits d'une cour étrangère,
D'y cacher de son sort l'opprobre et la misère?
Hélas! si vous fuyez, par vous abandonné,
A quel sceptre pesant ce peuple est enchaîné!
Dans ses maux à venir contemplez votre ouvrage :
De ses persécuteurs vous irritez la rage.
Tout deviendra suspect à leur autorité :
L'effroi chez les tyrans se tourne en cruauté.

Ils vont, sous les couleurs d'une feinte prudence,
Par des pleurs et du sang cimenter leur puissance,
Sur des débris nouveaux l'affermir, l'élever.
J'ai perdu la Sicile en voulant la sauver.

LORÉDAN.

Qu'ai-je fait, misérable?

SALVIATI.

O trop funeste image!

PHILIPPE D'AQUILA.

De nos tristes enfans voilà donc l'héritage!

PROCIDA.

Grand Dieu! si la fortune eût servi nos efforts,
L'équité renaissait pour consoler ces bords :
Les lois de nos aïeux, auprès du trône assises,
Resserraient du pouvoir les bornes indécises.
Don Pèdre commandait; par vos mains couronné,
Amis, c'est par vos mains qu'il aurait gouverné.
Vous marchiez après lui les premiers de l'empire.
Instruit du noble but où votre espoir aspire,
Je n'entreprendrai point de surprendre vos cœurs
A tous ces vains appâts des trésors, des faveurs,
Des hautes dignités dont sa prompte justice
Voulait récompenser un si rare service.
Ces honneurs séduisans ne vous ont point tentés;
Je le sais, j'en suis fier, mais vous les méritez.

Qu'au timon de l'état votre roi vous rappelle,
Borella, c'est un prix qu'il doit à votre zèle.
Oddo, vous pouviez seul, réparant nos revers,
Des flottes d'un brigand balayer les deux mers.
O brave d'Aquila! pleurez sur votre gloire :
Vous choisissant pour guide au champ de la victoire,
Don Pèdre aurait fixé le destin des combats,
Et le nom d'un tel chef eût créé des soldats.
Que le nouveau monarque élu par la Sicile
Aux talens, aux vertus ouvrait un champ fertile !
Quel destin pour vous tous, vous, son plus ferme appui,
De verser ses bienfaits ou de vaincre pour lui,
De partager ces soins de la grandeur suprême,
Qui font chérir un prince à des sujets qu'il aime,
D'entendre un peuple entier vous nommer ses sauveurs !
Voilà les titres vrais, les immortels honneurs ;
C'est là l'ambition qui trouble une grande ame,
Celle que j'aime en vous, la seule qui m'enflamme !
Ah! s'il n'est point d'exploit plus beau pour notre orgueil
Que de ressusciter la patrie au cercueil,
Est-il un prix plus doux et plus digne d'envie,
Que de la rendre heureuse après l'avoir servie ?

PHILIPPE D'AQUILA.

Pourquoi nous déchirer de regrets superflus ?

SALVIATI.

A quel parti fixer nos vœux irrésolus?

ODDO.

N'est-il donc plus d'espoir?

SALVIATI.

Resterons-nous esclaves?

LORÉDAN.

C'est trop d'incertitude; il faut mourir en braves!

PROCIDA.

Non pas mourir, mais vaincre, et venger à la fois
Votre Dieu, vos foyers et le sang de nos rois.
De vos projets, dit-on, la trame est découverte :
On vous trompe, et vous seuls méditez votre perte.
Croyez-moi, vos tyrans, loin de vous redouter,
Semblent s'offrir aux coups que vous n'osez porter.
Un fort mieux défendu trompe votre espérance :
Accusez le hasard, et non leur prévoyance.
Ce soin reste sans but, si tout est ignoré;
Il est insuffisant, s'ils ont tout pénétré.
N'ont-ils que des soupçons? gardez qu'ils s'éclaircissent!
Le choix nous reste encor; mourons, ou qu'ils périssent!
L'absence de Fondi m'a troublé comme vous;
Quelle était notre erreur! je le vois parmi nous.
Choisi pour présider aux plaisirs d'une fête,
Il dirigeait ces jeux dont la pompe s'apprête.

ACTE IV, SCÈNE IV.

La mer nous interdit tous secours étrangers :
L'audace vaut le nombre et croît par les dangers.
Le retour des proscrits couronnait l'entreprise :
Qui la décidait? nous ; l'instant nous favorise.
Déjà, par la prière aux autels rappelé,
Le peuple dans le temple en foule est assemblé.
Offrons un sacrifice affreux, mais nécessaire,
Apparaissons soudain au pied du sanctuaire ;
Courons le glaive nu, le bras ensanglanté,
En proférant ces mots : Vengeance et liberté !
Que cette multitude, au carnage animée,
Se lève devant nous et devienne une armée.
Soutenons la valeur de ces soldats nouveaux
Par nos deux cents guerriers vieillis sous les drapeaux.
Pour arrêter mes pas quelques faibles cohortes
Du palais à la hâte ont occupé les portes ;
Prévenons leur défense, et, le fer à la main,
Dans leurs rangs dispersés ouvrons-nous un chemin...
Écoutez... l'airain sonne, il m'appelle, il vous crie
Que l'instant est venu de sauver la patrie.
Vous frémissez, amis, d'un généreux transport ;
Je le vois, ce signal est un arrêt de mort.
Venez, le cœur rempli d'une sainte assurance,
Reconquérir vos droits et votre indépendance ;
Venez, allons venger nos femmes et nos sœurs :

Que Palerme se plonge au sang des oppresseurs.
Frappons, et de leur tête arrachons la couronne.
A ces profanateurs, que Dieu nous abandonne,
Rendons guerre pour guerre et fureur pour fureur :
Dieu les terrassera d'une invincible horreur...
Il promet à vos mains la victoire et l'empire...
Venez, marchons; c'est lui, c'est Dieu qui nous inspire !

SALVIATI.

Que Montfort sous nos coups succombe le premier !

LORÉDAN.

Montfort !

PROCIDA.

Ne tardons pas...

LORÉDAN.

Tous contre un seul guerrier
Plongé dans le sommeil... mais un bras doit suffire.

PROCIDA.

Eh ! qui le frappera ?

LORÉDAN.

Moi !

SALVIATI.

Vous ! qu'osez-vous dire !

PROCIDA.

L'honneur du premier coup sans doute m'appartient :
J'ai droit de le céder, et c'est lui qui l'obtient.

Va, redeviens mon fils. Vous lui faites outrage :
Pour garant de sa foi, je me livre en otage.
Mes jours sont dans tes mains, marchons.

SCÈNE V.

LORÉDAN.

Je l'ai juré.
Il mourra. Voilà donc l'instant si désiré
D'éteindre dans son sang la soif qui me dévore!
Oui, je le punirai, ce rival que j'abhorre.
Mais loin de me flétrir par un assassinat,
Je lui dirai : Montfort, je t'appelle au combat.
Il vient... il va périr... Que vois-je? il est sans armes!

SCÈNE VI.

LORÉDAN, MONTFORT.

MONTFORT.

Lorédan, mon ami, pourquoi ces cris d'alarmes?
Quel tumulte a chassé le sommeil de mes yeux?
J'appelle en vain Gaston... quelques séditieux
Peut-être à les punir ont forcé son courage.

LORÉDAN.

Que viens-tu faire ici?

MONTFORT.

Quel étonnant langage ?
Tu trembles, tu pâlis...

LORÉDAN.

Cherches-tu le trépas ?

MONTFORT.

Que me dis-tu ?

LORÉDAN.

Va-t'en, et ne m'approche pas.

MONTFORT.

Moi, te fuir !

LORÉDAN.

Il le faut... fuis... mon devoir m'ordonne...

MONTFORT.

Eh bien ?

LORÉDAN.

De t'immoler.

MONTFORT.

Frappe donc !

LORÉDAN.

Je frissonne...
Je croyais te haïr... Ciel ! où porter tes pas ?
Le peuple mutiné massacre tes soldats.

MONTFORT.

Il frémira de crainte à ma seule présence.

LORÉDAN.

Téméraire, où vas-tu ? désarmé, sans défense,
Arrête... avec ce fer tu m'as fait chevalier,
Tiens, prends, prends... défends-toi ; meurs du moins en guerrier !

MONTFORT.

Ce fer va châtier leur insolente audace...

LORÉDAN, l'arrêtant au fond du théâtre.

Pour la dernière fois que ton ami t'embrasse !

MONTFORT, se jetant dans ses bras.

Lorédan !

LORÉDAN.

C'en est fait ! Nous sommes ennemis :
Va mourir pour ton maître, et moi pour mon pays !

(Il sort d'un côté et Montfort de l'autre.)

FIN DU QUATRIÈME ACTE.

ACTE CINQUIÈME.

SCÈNE I.

(Nuit.)

AMÉLIE, seule.

Où s'égarent mes pas? quelle horreur m'environne!
Seule, en ces murs déserts, Elfride m'abandonne.
Je ne vois point Montfort; errante dans la nuit,
Je ne saurais bannir la terreur qui me suit...
Entouré d'ennemis... ô mortelles alarmes!
Il s'élance à travers le tumulte et les armes.
Dans les sacrés parvis j'entends frémir l'airain.
Non, ta voix, Lorédan, n'éclatait pas en vain!
Quels sinistres adieux! tes accens prophétiques
Retentissent encor sous ces tristes portiques.
Mon heure approche... où suis-je? et d'où partent ces cris?
Ces murs vont-ils sur moi renverser leurs débris?
Fuyons, la terre tremble, et la foudre étincelle :

Montfort, pour nous juger notre Dieu nous appelle.
Grace, arbitre divin... Chère Elfride, est-ce toi ?
Viens, parle ; au nom du ciel, dissipe mon effroi.

SCÈNE II.

AMÉLIE, ELFRIDE.

ELFRIDE.
O spectacle effroyable ! ô funeste délire !
AMÉLIE.
Montfort est-il sauvé ?
ELFRIDE.
J'ignore s'il respire.
Du lieu saint, à pas lents, je montais les degrés,
Encor jonchés de fleurs et de rameaux sacrés.
Le peuple, prosterné sous ces voûtes antiques,
Avait du roi prophète entonné les cantiques.
D'un formidable bruit le temple est ébranlé.
Tout-à-coup sur l'airain ses portes ont roulé.
Il s'ouvre ; des vieillards, des femmes éperdues,
Des prêtres, des soldats, assiégeant les issues,
Poursuivis, menaçans, l'un par l'autre heurtés,
S'élancent loin du seuil à flots précipités.
Ces mots : Guerre aux tyrans ! volent de bouche en bouche ;

ACTE V, SCÈNE II.

Le prêtre les répète avec un œil farouche ;
L'enfant même y répond. Je veux fuir, et soudain
Ce torrent qui grossit me ferme le chemin.
Nos vainqueurs, qu'un amour profane et téméraire
Rassemblait pour leur perte au pied du sanctuaire,
Calmes, quoique surpris, entendent sans terreur
Les cris tumultueux d'une foule en fureur.
Le fer brille, le nombre accablait leur courage...
Un chevalier s'élance, il se fraie un passage,
Il marche, il court; tout cède à l'effort de son bras,
Et les rangs dispersés s'ouvrent devant ses pas.
Il affrontait leurs coups, sans casque, sans armure...
C'est Montfort! à ce cri succède un long murmure.
« Oui, traîtres, ce nom seul est un arrêt pour vous !
« Fuyez, » dit-il; superbe et pâle de courroux
Il balance dans l'air sa redoutable épée,
Fumante encor du sang dont il l'avait trempée.
Il frappe... un envoyé de la Divinité
Eût semblé moins terrible au peuple épouvanté.
Mais Procida paraît, et la foule interdite
Se rassure à sa voix, roule et se précipite ;
Elle entoure Montfort; par son père entraîné,
Lorédan le suivait, muet et consterné.
J'ai vu les citoyens, troublés par la furie,
Se déchirer l'un l'autre au nom de la patrie;

Sur les débris épars, le prêtre chancelant,
Une croix à la main, maudire en immolant.
Du vainqueur, du vaincu, les clameurs se confondent.
Des tombeaux souterrains les échos leur répondent.
Le destin des combats flottait encor douteux :
La nuit répand sur nous ses voiles ténébreux.
Parmi les assassins je m'égare; incertaine,
Je cherche le palais, je marche, je me traîne.
Que de morts, de mourans! Faut-il qu'un jour nouveau
Éclaire de ses feux cet horrible tableau?
Puisse le soleil fuir, et cette nuit sanglante
Cacher au monde entier les forfaits qu'elle enfante!

AMÉLIE.

Inexorable Dieu, tu n'as point pardonné.
C'en est fait! devant toi Montfort est condamné.
Courons...

SCÈNE III.

AMÉLIE, LORÉDAN, ELFRIDE.

LORÉDAN.

Peuple inhumain, achève ton ouvrage;
Poursuis, je t'abandonne à ton aveugle rage.

ACTE V, SCÈNE III.

AMÉLIE.

C'est Lorédan !

LORÉDAN.

O nuit ! dans ta profonde horreur
Ne vois-je pas errer leurs ombres en fureur?
Français, ce cœur brisé vous plaint et vous admire;
Ne me poursuivez plus... Le remords me déchire...
Ah ! les infortunés ! ils mouraient en héros.

ELFRIDE.

Osez l'interroger.

LORÉDAN.

Rendez-moi le repos,
Mânes de mes aïeux ! je ne suis plus parjure.

AMÉLIE.

Viens, approchons.

LORÉDAN.

J'entends une voix qui murmure.
Peut-être un meurtrier parmi vous s'est glissé.
Oui, moi !

AMÉLIE.

Ciel !

LORÉDAN.

Et vos bras ne m'ont pas repoussé !

AMÉLIE.

Je veux savoir mon sort et frémis de l'apprendre.

LORÉDAN.

Seul dans l'obscurité pouvait-il se défendre?
Sans doute à d'autres coups il n'eût point échappé.
Il immolait mon père; eh bien! je l'ai frappé,
Je le devais...

AMÉLIE.

Seigneur...

LORÉDAN.

Est-ce vous, Amélie?

AMÉLIE.

D'où vient le trouble affreux dont votre ame est remplie?
Et quel est ce guerrier qui se traîne à pas lents?
Il est blessé, vers nous il tend ses bras sanglans.
Ah! c'est lui, c'est Montfort.

LORÉDAN.

La frayeur vous égare;
Non, ne le croyez pas... Apprenez... Un barbare...
Que vois-je? ombre terrible, ah! parle, que veux-tu?

SCÈNE IV.

AMÉLIE, LORÉDAN, MONTFORT, ELFRIDE.

MONTFORT.

Aux portes du palais, dans la foule abattu,
De la lumière enfin j'ai recouvré l'usage.
Ils avaient disparu, fatigués de carnage.

LORÉDAN.

Ah! c'est lui!

MONTFORT.

Par degrés j'ai rappelé mes sens;
L'amour a soutenu mes efforts languissans;
En m'approchant de vous, hélas! j'ai cru renaître.

AMÉLIE.

Nos soins et nos secours vous sauverout peut-être.

LORÉDAN.

O terre, engloutis-moi!

MONTFORT, à Amélie.

Vous mon guide! ô destin!
Tu m'avais épargné, Lorédan, mais en vain.
Je poursuivais le chef de ce peuple rebelle;
Je suis tombé, percé d'une atteinte mortelle :
Du meurtrier la nuit m'a dérobé les traits.

LORÉDAN.

Va, tu seras vengé.

MONTFORT.

Quoi! tu le connaîtrais?

AMÉLIE.

Vous!...

LORÉDAN.

Tu vas me maudire, et déjà je m'abhorre;
Je suis bien criminel... plus misérable encore.
Mon père allait périr; troublé, désespéré,
J'ai couru le défendre, et mon glaive égaré...
Pardonne-moi, Montfort, ô mon compagnon d'armes!
Par ces mains que je baise en les baignant de larmes,
Au nom de cet amour si fatal à tous deux,
Par cet objet sacré qui partage tes feux;
J'affermirai ton bras que la force abandonne;
Frappe, voilà mon sein, venge-toi, mais pardonne!

MONTFORT.

Je fus le seul coupable, et je devais mourir;
Trop d'orgueil m'aveuglait. C'est peu de conquérir;
Vous ne régnez qu'un jour, tout vainqueurs que vous êtes,
Si l'amour des vaincus n'assure vos conquêtes.
Approche... viens... je touche à mes derniers momens.
Viens, reçois mes adieux et mes embrassemens.

ACTE V, SCÈNE V.

LORÉDAN.

Mon ami!

AMÉLIE.

Cher Montfort!

MONTFORT.

O ma patrie! ô France!
Fais que ces étrangers admirent ta vengeance!
Ne les imite pas; il est plus glorieux
De tomber comme nous que de vaincre comme eux.

(Il meurt.)

SCÈNE V.

Les précédens; PROCIDA, l'épée à la main; conjurés, portant des flambeaux.

PROCIDA, au fond du théâtre.

Nos tyrans ne sont plus, et la Sicile est libre :
Que Charle en frémissant l'apprenne au bord du Tibre.
Palerme pour ses droits jure de tout braver;
Qui les a reconquis saura les conserver.
Quel spectacle! Montfort, que Lorédan embrasse!
A ses pieds prosterné, tu lui demandais grace!
Quand ton pays respire après tant de malheurs,

Une indigne pitié peut t'arracher des pleurs !
De Montfort à jamais périsse la mémoire !
Il succomba sous toi, respecte ta victoire.

LORÉDAN.

Arrêtez : ma victoire est un assassinat ;
Je vois avec horreur vos maximes d'État.
Croyez-vous m'abuser? Couverts de noms sublimes,
Ces crimes consacrés en sont-ils moins des crimes ?
Mon pays, dites-vous, me défend de pleurer ;
Eh ! m'a-t-il défendu de me déshonorer ?
A ma rage insensée, à vous, à la patrie,
J'immolai les objets de mon idolâtrie :
Amant, ami cruel, honteux de mes fureurs,
J'arrive par l'opprobre au comble des douleurs.
Vous m'avez entraîné dans ce complot funeste ;
J'ai tout perdu par vous, le remords seul me reste.
Farouche liberté, que me demandes-tu ?
Laisse-moi mes remords ou rends-moi la vertu.
Ton premier pas est fait, règne sur ce rivage.
Puisse mon père un jour, couronnant son ouvrage,
Laisser un grand exemple aux siècles à venir !

(Il se frappe.)

Tu m'absous de mon crime... et je dois m'en punir.

PROCIDA.

Quel transport ! qu'as-tu fait ?

ACTE V, SCÈNE V.

LORÉDAN.

    Montfort, je vais te suivre.
D'un reproche importun mon trépas vous délivre;
Vivez... soyez heureux... Que ce digne guerrier
Repose dans la tombe avec son meurtrier.

 (à la princesse.)

Des larmes que sur lui vos yeux doivent répandre
Quelques-unes du moins arroseront... ma cendre...
Ah! je vous aime encor... J'expire.

PROCIDA.

      O mon pays!
Je t'ai rendu l'honneur, mais j'ai perdu mon fils;
Pardonne-moi ces pleurs qu'à peine je dévore.

 (Il garde un moment le silence, puis se tournant vers les conjurés.)

Soyez prêts à combattre au retour de l'aurore.

FIN DES VÊPRES SICILIENNES.

NOTE.

Parmi beaucoup de critiques judicieuses qu'on a faites de cette tragédie, on m'a reproché de n'avoir point donné au caractère d'Amélie tout le développement dont il est susceptible. J'avais tenté de le faire dans plusieurs scènes qui, au milieu des grands intérêts d'une conspiration, m'ont paru nuire à l'effet général de l'ouvrage. Il faudrait, je crois, une tragédie tout entière pour peindre les combats d'une passion criminelle dans l'ame d'une dévote espagnole ou sicilienne. Cependant, par respect pour une critique à laquelle je ne pourrais me soumettre sans entraver la marche de l'action, j'imprime ici une des scènes que j'ai retranchées ; elle donnera une idée de la manière dont j'avais conçu le rôle d'Amélie. Cette scène terminait le premier acte après la sortie de Lorédan.

AMÉLIE, ELFRIDE.

ELFRIDE.

Il s'éloigne, madame; à regret il vous quitte :
Pourquoi l'abandonner au doute qui l'agite?
Sans pitié pour des maux que vous pourriez finir,
Trouvez-vous quelque joie à les entretenir?
Que vous le condamnez à de mortelles peines!

AMÉLIE.

Elfride, tout mon sang s'est glacé dans mes veines.
Montfort est son rival!... O redoutable aveu!
Quel fatal ascendant m'a conduite en ce lieu?...
Voulait-il m'éprouver?... Peut-être il m'a trompée...
De surprise et d'effroi je suis encor frappée.

ELFRIDE.

Quel penser peut nourrir l'horreur où je vous vois,

NOTE.

AMÉLIE.

Oui, j'en crois ses regards et le son de sa voix,
Et ses traits enflammés d'un courroux si farouche;
Oui, c'est la vérité qui sortait de sa bouche.
Il veut me soupçonner; dans mes yeux, dans mes pleurs,
Il cherche un aliment à ses sombres fureurs.
Que me reproche-t-il ? Quel discours ou quel signe
Trahit ce changement dont sa fierté s'indigne ?

ELFRIDE.

Pardonnez des transports qu'il n'a pas su dompter;
Madame, un tel soupçon doit peu vous irriter...

AMÉLIE.

Le nom de son rival, a-t-il dit, m'a troublée !
C'est son reproche affreux qui m'a seul accablée.
D'une rougeur soudaine, à ce dernier affront,
Le courroux et la honte ont coloré mon front.
Ses regards prévenus pouvaient-ils s'y méprendre ?
Où s'égare Montfort ? et qu'ose-t-il prétendre ?
Comment s'est-il promis le plus faible retour ?
Moi, céder aux conseils d'un criminel amour...
O Dieu, dont la justice éprouve mon courage,
Vous m'aviez réservée à ce comble d'outrage !
Moi, chérir de nos maux l'instrument ou l'auteur,
Le plus ferme soutien de mon persécuteur,
Votre ennemi, grand Dieu ! celui dont les exemples
Instruisent nos vainqueurs à profaner vos temples.
Je crois entendre encor vos prêtres révérés,
Contre eux par la fureur saintement inspirés,
Dans le secret, parmi quelques témoins fidèles,
D'anathèmes vengeurs charger leurs fronts rebelles.
Elfride, verrons-nous la colère des cieux
Descendre et consumer un jeune audacieux ?...
Malgré moi je frémis du coup qui le menace.

ELFRIDE.

Eh quoi! devant vos yeux nos tyrans trouvent grace,
Et déjà pour Montfort votre cœur désarmé ?...

AMÉLIE.

Peut-être au repentir le sien n'est pas fermé...
Crois-tu que du remords la voix pure et sacrée
Ne puisse ramener sa jeunesse égarée ?
Jusqu'aux murs de Sion, par sa valeur fameux,
Esclave de l'honneur, sensible et généreux,
Que de nobles vertus il reçut en partage !

L'ardente ambition seule en corrompt l'usage.
Ah! de ces dons heureux les mains qui l'ont orné,
A des tourmens sans fin ne l'ont pas condamné!
Non, je ne le puis croire, et ma raison tremblante,
Devant ce châtiment recule d'épouvante.

ELFRIDE.

Tournez votre pitié sur un plus digne objet :
Madame, loin de vous, attendant son arrêt,
Dans vos mains Lorédan remet sa destinée.

AMÉLIE.

O souvenir cruel! ô funeste journée!

ELFRIDE.

Votre choix plus long-temps ne se peut différer...
Vous ne m'écoutez pas, je vous vois soupirer...

AMÉLIE.

Pour moi de cet hymen la chaine est accablante!

ELFRIDE.

Qu'entends-je? ma surprise à chaque instant s'augmente.

AMÉLIE.

Éprise pour mon Dieu d'une sainte ferveur,
Cet amour me suffit et remplit tout mon cœur.
A cet époux divin si je ne suis unie,
Du repos loin de moi l'espérance est bannie.
Dans les austérités d'un asile pieux,
Morte à de faux plaisirs, cachée à tous les yeux,
Que ne puis-je, le front courbé dans la poussière,
Finir mes tristes jours consumés en prière!
Malheureuse! ah! retiens d'inutiles souhaits!
Eh! que veux-tu porter dans ce séjour de paix?
Les tumultes d'une ame où règne encor le monde,
Tes regrets, tes remords, ta blessure profonde?
Espères-tu, livrée aux orages des sens,
Offrir un encens pur et des vœux innocens?
O ciel! défendez-moi de ma propre faiblesse!
Lorédan aux autels a reçu ma promesse;
Que la vertu m'élève à ce pénible effort,
De remplir mes sermens, de détromper Montfort.
Montfort... A ce seul nom la force m'abandonne...
D'une invincible horreur je sens que je frissonne.

ELFRIDE.

Hélas! sur votre esprit, long-temps irrésolu,
Madame, reprenez un empire absolu.
De Montfort détrompé craignez moins la vengeance.

NOTE.

Et d'un bonheur prochain embrassez l'espérance.

AMÉLIE.

Le bonheur! pour jamais je l'ai vu s'éloigner ;
Mais quel que soit mon sort, je m'y dois résigner.
Partout du doigt de Dieu reconnaissant l'empreinte,
Je courbe mon orgueil sous sa majesté sainte.
Viens au temple, suis-moi; de ce muet témoin
Implorons des secours dont mon ame a besoin :
Sans lui notre vertu s'affaiblit et chancelle.
Viens demander ensemble, à sa main paternelle,
De conduire mes pas et de les protéger
Dans le sentier fatal où je vais m'engager.

EXAMEN CRITIQUE

DES

VÊPRES SICILIENNES,

PAR M. BERT.

EXAMEN CRITIQUE

DES

VÊPRES SICILIENNES.

Les Siciliens étaient opprimés par les Français, qui, après avoir vaincu Conradin, héritier de la maison de Souabe, l'avaient fait périr sur l'échafaud, ainsi que Frédéric, duc d'Autriche. Les Siciliens n'avaient pas cherché à venger leur prince; ils avaient obéi dix-huit ans à Charles d'Anjou; ce ne fut qu'après une si longue patience qu'ils secouèrent le joug, poussés à bout par l'orgueil de leurs vainqueurs. La vengeance fut lâche et atroce; ils égorgèrent tous les Français, et allèrent chercher jusque dans le sein des mères, des ennemis et des oppresseurs qui n'avaient point encore vu le jour. Tel est le sujet que M. Delavigne a eu la hardiesse de traiter. L'entreprise était périlleuse.

Son premier soin a été d'appeler l'intérêt sur un Français qui n'a pris aucune part au crime de la conquête, et sur un Sicilien qui ne prête qu'avec répugnance sa main à une vengeance horrible. Charles d'Anjou est allé porter la guerre en Orient contre l'empereur Paléologue. Roger de Montfort, chevalier provençal, qui n'était point du nombre des conquérans de la Sicile et des vainqueurs de Conradin, gouverne en l'absence de Charles; il réside à Palerme. Il est lié d'amitié avec Lorédan, fils de ce Procida que les historiens représentent comme le chef du soulèvement des Siciliens et l'ordonnateur des massacres. L'auteur a introduit un autre personnage qui lui a servi à nouer l'action; c'est la princesse Amélie, sœur de Conradin, dont la main a été promise à Lorédan. Elle est aimée par Montfort, et elle n'a pas été insensible aux séduisantes qualités du jeune Français. Elle se trouve ainsi placée entre son devoir et sa passion. Procida, noble Sicilien, a quitté sa patrie pour lui chercher des vengeurs. Il revient après avoir disposé tous les ressorts du complot qui doit délivrer la Sicile. Son arrivée ouvre la scène et engage l'action.

Il rencontre Salviati, un des conjurés, et lui expose ses projets. Son caractère s'annonce dans ces vers :

> ..... Le ciel a sans doute allumé
> Ce feu pur et sacré dont je suis consumé.

Quel est son chagrin quand il apprend que son fils est l'ami de Monfort ! il lui reproche cette amitié comme une trahison. Lorédan se justifie en faisant connaître quel est Montfort :

> Superbe, impétueux, toujours sûr du succès,
> Il embellit la cour par sa magnificence.

Ce portrait a été généralement loué, non seulement comme un beau morceau de style, mais comme une heureuse préparation du nœud et du dénouement. Montfort est bien connu, le spectateur sait qu'il *pousse la loyauté jusqu'à l'imprudence.*

Procida fait tous ses efforts pour allumer dans le cœur de son fils la haine des Français et la soif de la vengeance; il lui retrace en vain la touchante peinture du meurtre de Conradin et de Frédéric : Montfort n'en est pas coupable. Cependant ce tableau fait impression sur Amélie : elle s'accuse d'offenser la mémoire de son frère en aimant un Français. Le récit de la mort de Conradin a paru adroitement lié à l'action : nécessaire au complément de l'exposition, il est amené naturellement.

Montfort a pour ami et pour conseiller un vieux chevalier, Gaston de Beaumont, qui l'exhorte à ne pas négliger, comme il le fait, les précautions nécessaires à sa sûreté, et surtout à réprimer la licence des Français.

Montfort l'écoute avec distraction : il n'est occupé que de son amour pour Amélie. D'ailleurs, il se repose sur l'amitié de Lorédan.

Cependant Montfort et Lorédan apprennent qu'ils sont rivaux : le jeune Sicilien, outragé par son ancien frère d'armes, exilé de sa propre maison, cède à ses transports jaloux et aux exhortations de son père, il se joint aux conjurés.

Tout est préparé pour l'exécution du complot. La cloche qui appelle les fidèles au temple donnera le signal. Lorédan conçoit des alarmes sur le sort d'Amélie, il l'avertit par un billet des évènemens qui s'apprêtent. Cet avis fait trembler Amélie pour les jours de Montfort. Elle lui livre le fatal billet, et la conspiration est découverte. Ce moyen a été fort blâmé; il a paru peu vraisemblale. Comment, a-t-on dit, Lorédan a-t-il eu l'imprudence de commettre ainsi le sort des conjurés ? Et quel sentiment inspire Amélie dans cette situation ?

Si le troisième acte a paru faible en quelques parties, le quatrième a été jugé le plus beau de l'ouvrage. Procida et Lorédan ont été arrêtés. Montfort les traite généreusement; il veut favoriser leur fuite pour les soustraire à la vengeance de Charles. Le lendemain ils pourront s'embarquer; il leur donne pendant la nuit son palais pour prison. Gaston doit veiller sur eux. Les conjurés sont découragés par la découverte de leur dessein, par l'arrestation de leurs chefs. Ils viennent dans le palais de Montfort pour implorer leur grace. Ils y rencontrent Procida, qui feint d'abord d'entrer dans leurs vues et de vouloir joindre ses prières aux leurs; mais peu à peu il réchauffe leur courage, il les fait rougir de leur lâche soumission. L'on remarquera que l'action marche pendant que Procida parle, et que le changement qui s'opère dans l'ame des conjurés produit une péripétie.

Pendant ce discours, Montfort, retiré dans son appartement, se livre au sommeil, se croyant gardé par Gaston; mais Gaston n'existe plus, Procida l'a déjà poignardé. Quand Lorédan voit les conjurés près d'aller surprendre Montfort endormi et désarmé, il s'oppose à leur dessein. Il veut se réserver cette victime; il se réjouit de pouvoir se venger d'un odieux rival : mais il se vengera noblement ; il appellera son ennemi au combat. Montfort est éveillé par le bruit; Lorédan demeure interdit en le voyant désarmé.

Cette scène et la précédente produisent un grand effet à la représentation. Elles n'ont point été exemptes de censures. On a dit que Montfort poussait trop loin l'imprévoyance; qu'il n'était pas raisonnable qu'il allât se coucher au milieu du jour, après avoir découvert une conspiration; que les conjurés ne sont pas moins imprudens de venir comploter à la porte de sa chambre; que Procida choisit une bien mauvaise place pour les haranguer; qu'enfin il est difficile de concevoir que Montfort, éveillé en sursaut par le bruit, sorte sans armes pour faire un coup de théâtre.

Plusieurs critiques ont répondu à ces différens reproches. Les imprudences de Montfort, ont-ils dit, sont une conséquence du caractère que l'auteur lui a donné. Il se retire pour dormir pendant la chaleur du jour, suivant l'usage des Italiens; ce qui n'est pas plus contraire à la vraisemblance que s'il se couchait à minuit. Quant aux conjurés, ce n'est pas pour comploter qu'ils sont venus; c'est pour demander grace; ils rencontrent naturellement Procida dans le palais où il est prisonnier : Procida leur parle à cette place parce qu'il ne pouvait leur parler ailleurs, et parce qu'il est prisonnier. Il ne débite pas une harangue d'apparat; ses paroles sont accommodées au lieu, au temps, aux personnes, et la circonstance est tellement précise, qu'il n'aurait pas dit les mêmes choses aux mêmes hommes une heure plus tôt ou plus tard, et à trente pas du lieu de la scène. Quant au reproche fait à Montfort de se présenter sans armes devant Lorédan, il suffit, pour y répondre, de rappeler que ce Français, loyal jusqu'à l'imprudence,

> Ne saurait se garder d'un poignard assassin,
> Et croirait l'arrêter en présentant son sein.

La catastrophe historique était trop connue pour qu'il fût possible à l'auteur de la faire attendre long-temps après le quatrième acte : aussi le cinquième acte commence-t-il par le récit du massacre. Comme il faut que ce récit soit fait à quelqu'un, c'est Amélie qui est chargée de l'écouter. Voilà malheureusement la seule raison qui motive la présence de cette femme qui n'agit plus, et qui joue un rôle fort embarrassant sur la scène, où elle reste jusqu'à la fin de la pièce. Il eût été à désirer que l'auteur abrégeât ce rôle défectueux. Mais les récits qui terminent la plupart de nos plus belles tragédies ont fait passer en coutume l'emploi de ces brillans lieux communs; et le spectateur, rassasié d'émotions, se montre peu exigeant sur la convenance d'une narration que l'acteur qui doit l'entendre n'a presque jamais d'intérêt à écouter.

Le massacre des Français n'était point un dénouement complet. Il fallait que chacun des personnages du drame achevât sa destinée. Montfort vient expirer sur la scène, frappé d'un coup que Lorédan lui a porté en défendant son père. Ce dernier se poignarde sur le corps de son ami. Quelques spectateurs ont trouvé ce coup de poignard superflu. Procida ne dément pas son caractère : après quelques regrets donnés à son fils, il dit aux conjurés :

<small>Soyez prêts à combattre au retour de l'aurore.</small>

Si les avis ont été partagés sur le mérite de certaines des dispositions de la fable, tous les suffrages se sont accordés pour reconnaître les beautés d'un style pur, élégant, animé, et constamment élevé. Ce qui a paru le plus digne d'être loué, c'est une propriété de langage exquise, c'est un choix d'expressions et de figures si bien assorti au sujet, aux mœurs du temps, au caractère des personnages, que le spectateur se trouve transporté au lieu et à l'époque où l'action se passe. Cette convenance de langage, que nos critiques modernes ont appelée *couleur locale,* est la seule vérité qu'il faille chercher dans les sujets de tragédies empruntés à l'histoire; l'exactitude des faits est le mérite du narrateur : le poète ne raconte pas, il peint. Il lui est permis d'inventer des faits, de créer des personnages, pourvu qu'il soit fidèle dans l'expression de la nature et dans la peinture des mœurs de l'histoire.

LES

COMÉDIENS,

COMEDIE EN CINQ ACTES,

REPRÉSENTÉE POUR LA PREMIÈRE FOIS A PARIS, SUR LE SECOND THÉATRE FRANÇAIS, LE 6 JANVIER 1820.

PROLOGUE.

PERSONNAGES.

DERVILLE.
DALLAINVAL.

Le théâtre représente une place publique.

PROLOGUE.

DERVILLE, lisant une affiche; DALLAINVAL, étudiant un rôle.

DERVILLE.

« Second Théatre-Français. Aujourd'hui la pre-
« mière représentation des *Comédiens*, comédie en
« cinq actes et en vers... »

Parbleu! j'ai peine à en croire mes yeux; cela ne se conçoit pas, et je suis d'une colère...

DALLAINVAL.

Eh mais! monsieur, si vous daigniez parler plus bas... ou vous promener plus loin ..

DERVILLE.

Comment! c'est vous, mon cher Dallainval!

DALLAINVAL.

C'est Derville, notre ancien camarade. Eh! mon

cher, on ne vous a pas vu depuis votre représentation de retraite.

DERVILLE.

Morbleu! je suis enchanté de vous trouver. Quand je suis en colère, je n'aime point à me fâcher tout seul, et vous allez faire ma partie. Vous connaissez l'ouvrage qu'on donne ce soir, cette pièce des *Comédiens ?*...

DALLAINVAL, froidement.

Oui... j'étudiais là mon rôle.

DERVILLE.

Comment? vous avez consenti à y jouer?

DALLAINVAL.

Pourquoi donc pas?

DERVILLE.

Certes, voilà du nouveau!

DALLAINVAL.

Eh bien! n'en demandez-vous pas tous les jours? Ne répétez-vous pas sans cesse que tous les sujets de comédie sont épuisés; qu'il n'y a plus de caractères? Vous voyez cependant que celui du *Comédien* reste encore à traiter.

DERVILLE.

Vous allez donc dire de nous bien du mal?

DALLAINVAL.

Non pas... Une comédie n'est pas un libelle, et nous garderons les égards et les ménagemens...

DERVILLE.

J'entends..... Que ne le disiez-vous de suite? C'est une satire où nous nous ferons des complimens...

DALLAINVAL.

Encore moins !... C'est pour le coup qu'on s'égaierait à nos dépens...

DERVILLE.

Eh bien, morbleu! que direz-vous donc?

DALLAINVAL.

Eh mais... la vérité!... un tableau fidèle doit tout peindre... le bon et le mauvais côté. Chez nous aussi il est de rares vertus et d'estimables qualités, et vous le savez de reste ; tel, que le public applaudit comme homme de talent, nous l'estimons comme honnête homme, nous qui le connaissons mieux. On parle de nos rivalités, mais on ne dit pas que toutes rivalités cessent dès qu'il faut secourir un camarade... que l'on nous a vus contribuer de nos soins, de nos efforts, de nos faibles talens, pour payer la dette de l'amitié, et prouver qu'aux jours du malheur les artistes sont tous frères entre eux comme les arts qu'ils cultivent...

DERVILLE.

A la bonne heure! Si toute la pièce est ainsi, je pense comme vous qu'on a raison de la donner, et ce soir je vous réponds que je ne cèderai à personne ma place au balcon.

DALLAINVAL.

Un instant... Je ne prétends pas non plus dissimuler nos côtés faibles! Nous avons bien aussi nos petits travers, et au fait, quand toutes les classes de la société ont leurs ridicules... je ne vois pas pourquoi nous n'aurions pas aussi les nôtres; pourquoi l'on voudrait établir pour nous une loi d'exception. Dieu merci, il n'y a plus dans l'État de corps privilégié!.... aussi je ne vous cache pas qu'il pourrait bien être question dans la pièce nouvelle de nos petits démêlés, de nos prétentions dramatiques, de nos tournées départementales.

DERVILLE.

Comment, vous parlez de tournées départementales et d'artistes voyageurs?

DALLAINVAL.

Sans doute.

DERVILLE.

Des couronnes de province?... et des petits vers de l'endroit?...

DALLAINVAL.

Un peu.

DERVILLE.

J'y suis... je comprends, enfin! ce n'est pas nous... c'est le voisin que vous attaquez... c'est bien! C'est charmant, et nous allons reconnaître tous les portraits.

DALLAINVAL.

J'en suis fâché pour votre pénétration, mais vous ne reconnaîtrez personne.

DERVILLE.

Et qui donc peindrez-vous?...

DALLAINVAL.

L'espèce en général, et non les individus; et je vous préviens d'avance que, depuis le père noble jusqu'au souffleur, tout sera de fantaisie.

DERVILLE.

De fantaisie!... de fantaisie! Vous avez beau dire, vous ne m'empêcherez pas, moi, de faire des allusions, si cela me plaît.

DALLAINVAL.

Vous en empêcher! Eh! qui le pourrait? On imprimerait aujourd'hui le chapitre de Gil-Blas sur les comédiens, que chacun voudrait reconnaître tous les personnages. Mais nous protestons d'avance : nous nous défendons de toute interprétation maligne; si vous y trouvez des allusions, c'est vous qui les aurez faites..... et, si j'ai sur vous quelque pouvoir, regardez-y à deux fois.

Et ne nous brouillez pas avec la république.

DERVILLE.

Oh! nous verrons... Je ne promets rien... et puisque vous êtes décidés à n'épargner personne, depuis le souffleur jusqu'au père noble, passe pour ces messieurs, je renonce à les défendre; mais ces dames ?...

DALLAINVAL.

Ces dames!... Ces dames sont fort aimables, et nous savons surtout le respect qu'on leur doit... Régnant par les graces et les talens... chéries, adorées, environnées d'hommages... il est tant de qualités brillantes sur lesquelles on peut les louer, qu'elles-mêmes nous abandonneront volontiers quelques légères imperfections, quelques petits caprices qui les rendent encore plus piquantes! Les ombres ne déparent point un tableau; au contraire, elles le font ressortir... et nous mettrons si peu d'ombres...

DERVILLE.

Que ce sera clair comme le jour... Je vois cela d'ici..

DALLAINVAL.

Mais non, mon cher, un demi-jour, et pas autre chose.

DERVILLE.

Et vous croyez que cette pièce-là sera bonne ?

DALLAINVAL.

Nous l'avons reçue; et, si on la trouve mauvaise, ce sera un chapitre de plus à ajouter à celui de nos erreurs; mais en tout cas, j'en suis certain, le public nous saura gré de l'intention.

DERVILLE.

Et vous croyez que les comédiens la joueront ?...

DALLAINVAL.

Oui, monsieur.

DERVILLE.

Et qu'ils la joueront bien ?

DALLAINVAL.

Du moins de leur mieux.

DERVILLE.

Un accident et les trois saluts d'usage n'en suspendront pas la représentation ?

DALLAINVAL.

Non, certes.

DERVILLE.

Eh bien! puisque rien n'est sacré pour vous, je vous déclare, moi, que je vais convoquer le ban et l'arrière-ban des artistes de la capitale, ceux qui sont retirés depuis vingt ans, ceux même de votre théâtre qui ne sont pas ce soir en activité de service, ceux enfin de tous les théâtres de la banlieue, et je reviens à leur tête jouer mon rôle au parterre; et je puis vous certifier que ce ne sera pas un rôle muet. Adieu.

DALLAINVAL, au public.

Messieurs les gens de cour, messieurs les avocats, messieurs les médecins, financiers, huissiers, praticiens, bourgeois de tous les rangs et de tous les états, messieurs les maris, classe nombreuse et respectable, et vous, mesdames, dont on adore, tout en les maudissant, les tendres faiblesses et les aimables caprices, vous tous que, depuis trois siècles, nous avons le privilége d'amuser à vos dépens, permettez-nous de vous amuser ce soir aux nôtres. Bien que notre camarade Derville regarde sa profession comme sacrée, je crois qu'il y va de notre gloire de ne pas être les seuls épargnés, et qu'un corps dont Molière a fait partie ne saurait être déshonoré par quelques ridicules qui tiennent aux hommes et non à la profession qu'ils exercent. D'ailleurs, messieurs, l'ouvrage que nous allons avoir l'honneur de représenter devant vous est une espèce de proclamation, un manifeste dramatique que nous vous adressons; car attaquer les abus, c'est prendre, autant que possible, l'engagement de s'en garantir.

FIN DU PROLOGUE.

LES

COMÉDIENS,

COMÉDIE.

PERSONNAGES.

GRANVILLE, riche héritier.
Lord PEMBROCK.
VICTOR, jeune poète.
FLORIDORE, jeune premier.
BELROSE, valet.
BLINVAL, père noble.
BERNARD, confident.
Madame BLINVAL, grande coquette.
Mademoiselle ESTELLE, soubrette.
LUCILE, ingénue.

Le théâtre représente un foyer très élégant.

LES COMÉDIENS,

COMÉDIE.

ACTE PREMIER.

SCÈNE I.

GRANVILLE, assis auprès d'une table, un journal à la main.

Pour m'introduire ici ce moyen n'est pas mal,
Non, ma foi... relisons l'article du journal.

« Grande terreur chez nos puissances dramatiques !
« On assure que le ministère, jaloux d'étendre aux
« départemens certaines mesures que la décadence de
« l'art avait rendues nécessaires dans la capitale, vient
« de nommer un inspecteur-général des théâtres de
« province. Ce personnage doit, dit-on, parcourir
« nos principales villes, et se présenter sous un nom
« supposé chez nos comédiens, pour juger par lui-

« même des abus qui peuvent appeler l'attention de
« l'autorité... »

En me donnant pour lui, j'en saurai davantage.
Qui peut me démentir?... Personne. Allons, courage !
Je connais mon théâtre, et veux, en amateur,
Jouer à mon profit le rôle d'inspecteur.

SCÈNE II.

GRANVILLE, LORD PEMBROCK.

PEMBROCK, en entrant.

A travers les détours de ces corridors sombres,
J'ai cru m'ensevelir dans le séjour des ombres :
Que béni soit le jour qui me luit à la fin !

GRANVILLE.

Eh! c'est milord Pembrock! Quel est l'heureux destin
Qui, rendant à mes vœux sa grace britannique,
L'a conduite à Bordeaux dans le foyer comique?

PEMBROCK.

Cher Granville, ah! bonjour. Vous voilà revenu
Du fin fond du Mogol, où je vous ai connu !

GRANVILLE.

En parfaite santé, milord, et sans naufrage.

Mais vous dans un foyer !... Quelque intrigue, je gage?

PEMBROCK.

Non ; d'un monsieur Bernard je cherche le bureau.
On doit donner ce soir un ouvrage nouveau ;
Le journal que je lis d'avance en fait l'éloge.
Je viens tout bonnement pour louer une loge.

GRANVILLE.

Séjournez-vous long-temps parmi les Bordelais?
Puis-je espérer, milord...?

PEMBROCK.

Je ne suis plus Anglais ;
L'hymen va m'enchaîner loin des brouillards d'Écosse.

GRANVILLE.

Comment donc?

PEMBROCK.

Ce lien à mon âge est précoce.
De voyager par ton je me suis fatigué ;
Mais je voulais, des arts amateur distingué,
Pour me donner à Londre un vernis littéraire,
Citer vos beaux esprits dans mon itinéraire.
Tandis que mon album, chargé de vers charmans,
Achevait sa moisson dans les départemens,
L'amour surprit mon cœur entre Dax et Bayonne :
Je prends racine en France, et fais souche gasconne.

GRANVILLE.

Quoi! vous vous mariez?

PEMBROCK.

Le trait qui m'a dompté
Des regards d'une veuve est parti cet été :
Je roulais vers Bayonne, où tendait mon voyage :
Soudain vient à passer un brillant équipage,
Qui, par mon phaéton dans sa course heurté,
Aux cris des voyageurs s'abat sur le côté.
J'arrête, et vois descendre une femme expirante;
Elle tombe sans force aux bras de sa suivante,
L'œil éteint, le front pâle et les cheveux épars.
Moi, qui soutiens toujours l'honneur des léopards,
Surtout auprès du sexe, en offrant ma voiture,
Je tourne un compliment qui d'abord la rassure.
Sa suivante à mon char la conduit par la main;
Elle allait à Bordeaux, j'en reprends le chemin.
Les plus fières beautés n'ont jamais dans l'Asie
D'un aiguillon si vif piqué ma fantaisie;
Mes regards, attachés sur ses yeux languissans,
Commençaient à parler du trouble de mes sens...
Mais j'apprends qu'elle est veuve; elle pleure, et ses larmes
Contre ma liberté sont de mortelles armes.
Je l'invite à l'auberge, en termes délicats,
A tromper sa douleur par un frugal repas.

La baronne consent, car c'est une baronne,
Et la Tamise enfin soupe avec la Garonne.

GRANVILLE.

Vous aimez donc toujours à conter vos exploits?

PEMBROCK.

C'est mon faible. A Bordeaux nous arrivons tous trois.
La maison de ma veuve aussitôt m'est ouverte.
De ses parens, très jeune, elle a pleuré la perte,
Et n'a plus qu'une tante, aimable à cinquante ans,
Qui fut par sa vertu l'exemple de son temps :
J'ai pris, pour les charmer, les façons du grand monde;
Fertile en traits heureux qui sentent la Gironde,
J'étonne les Gascons de mes airs étourdis :
Je ne dis plus goddam, et jure par sandis.
Comme au seul nom d'amour leur fierté s'effarouche,
Enfin le mot d'hymen est sorti de ma bouche.

GRANVILLE.

Dit par un lord, ce mot leur a semblé fort doux?

PEMBROCK.

Les accords sont signés, je lui rends son époux.
Je vais donc la former, cette adorable chaîne!
Que n'est-ce dès demain? Mais ma belle inhumaine
Sur mon bonheur futur fait un léger emprunt,
Pour accorder huit jours aux mânes du défunt,
Lequel, étant Français, toutes les nuits l'obsède,

Très courroucé, dit-on, qu'un Anglais lui succède.
Ma veuve, très jalouse, exige sur ma foi
Que pendant tout son deuil je m'enferme chez moi,
Et croit, en m'imposant cette triste huitaine,
De son pauvre baron consoler l'ame en peine.
Elle est femme et timide; en époux résigné,
Chez moi par un serment je me suis consigné.

GRANVILLE.

Ce soir, si votre grace est de près surveillée,
On saura...

PEMBROCK.

    Je retiens une loge grillée :
Qui diable peut me voir? Ferai-je une noirceur
En manquant de parole à mon prédécesseur?
Je suis, vous le savez, littérateur dans l'ame,
Et l'amour doir céder quand Apollon réclame.
Mais ce monsieur Bernard, qu'on a dû prévenir,
Tranchant du grand seigneur, tarde bien à venir.

GRANVILLE.

Nos messieurs du théâtre ont tous ce privilége;
J'attends depuis une heure un ami de collége,
Le Crispin de la troupe.

PEMBROCK.

    Eh! mais, par quel hasard
Avez-vous donc quitté votre oncle Balthazar?

ACTE I, SCÈNE II.

D'intendant près de lui vous remplissiez l'office,
Et ce fut par vos soins qu'il me rendit service.

GRANVILLE.

Il vivait au Mogol en forban retiré,
Quand il fut par la mort surpris contre son gré;
La Faculté du lieu le traita, Dieu sait comme;
Ils étaient trois docteurs, et pourtant...

PEMBROCK.

       Le pauvre homme!
Que vouliez-vous qu'il fît contre trois?

GRANVILLE.

          Qu'il mourût.
Maints convoiteurs de biens se tenaient à l'affût,
Et voulaient, dans l'espoir de happer l'héritage,
De son dernier soupir s'emparer au passage.
Mais un rayon d'en-haut le vint illuminer;
Quoiqu'il fût plus enclin à prendre qu'à donner,
Sur son lit de douleur un reste de tendresse,
Ranimant ses esprits glacés par la vieillesse,
Lui fit signer un acte, à ses derniers momens,
Qui me semble un chef-d'œuvre en fait de testamens.

PEMBROCK.

Un chef-d'œuvre! Pourquoi?

GRANVILLE.

       Par la raison très claire

Qu'il me fait de son bien unique légataire.

PEMBROCK.

Excellente raison !

GRANVILLE.

Je dus, quand j'héritai,
Pour remplir du mourant l'expresse volonté,
M'informer à Bordeaux de sa nièce Lucile,
Auprès d'un vieux parent dont elle est la pupille,
De l'artiste Bernard, confident par état,
Et qui ne risque rien de mourir intestat;
Car il n'a pas le sou. Mon oncle, article seize,
Me la choisit pour femme, au cas qu'elle me plaise;
Sinon, de la doter il m'impose la loi.
Pouvais-je de son or faire un meilleur emploi ?
Échappé pour Lucile aux fureurs de Neptune,
J'apportais à ses pieds mon cœur et ma fortune;
J'apprends, pour mes amours funeste pronostic,
Qu'elle fait par son jeu les beaux jours du public.
Enfin, moi, son futur, hier, je ne l'ai vue
Qu'en payant au bureau ma première entrevue.

PEMBROCK.

Comment la trouvez-vous ?

GRANVILLE.

L'aimable objet, morbleu !
Que d'esprit, de candeur ! quel naturel ! quel feu !

PEMBROCK.

Je ne vous défends pas de lui rendre justice,
Mais auriez-vous dessein d'épouser une actrice?

GRANVILLE.

Non... je ne sais, milord; ou plutôt, j'en conviens,
Admis chez ces messieurs, sans parler de mes biens,
Je veux étudier ses mœurs, son caractère,
Dont il n'est pas prudent de juger du parterre.
Le tableau, vu de près, blesse-t-il mes regards?
Je me nomme un matin, je la dote et je pars :
J'embrasse une entreprise en naufrages féconde,
Et pour me consoler, cours découvrir un monde.
Si malgré ses beaux yeux, Lucile a résisté
A deux grands ennemis, plaisir et pauvreté,
Je l'enlève au théâtre, en un mot je l'épouse,
Et l'enchaîne au destin d'un nouveau Lapeyrouse.

SCÈNE III.

Les précédens, BERNARD.

BERNARD.

Au bureau, m'a-t-on dit, où j'arrive un peu tard,
Un gentilhomme anglais cherchait monsieur Bernard.

PEMBROCK.

Seriez-vous?...

BERNARD.

Oui, milord, c'est ainsi qu'on me nomme.

GRANVILLE, à part.

Ah! mon cousin Bernard a l'air d'un bien brave homme!

BERNARD, à Pembrock.

Il faut être à son poste; un inspecteur, dit-on,
De Paris, à dessein, parti sous un faux nom,
Doit s'introduire ici sans se faire connaître.

GRANVILLE, à part.

Passer pour l'inspecteur me semble un coup de maître.

BERNARD.

Hâtons-nous, s'il vous plaît.

PEMBROCK.

Cher Granville, au revoir.

GRANVILLE.

Je compte bien, milord, vous rencontrer ce soir.

SCÈNE IV.

GRANVILLE, seul.

Ce folâtre Pembrock, il est toujours le même;
Je me défie un peu de la beauté qu'il aime,

Son amour-propre anglais, souvent humilié,
Dans les tours qu'on lui joue est toujours pour moitié.
Mais quoi, déjà midi! Je plains fort la personne
Exacte au rendez-vous qu'au théâtre on lui donne.

SCÈNE V.

GRANVILLE, BELROSE.

GRANVILLE.
Je te revois enfin, mon vieil ami Lebrun!

BELROSE.
Lebrun, pour un artiste, est un nom trop commun;
Je m'appelle Belrose.

GRANVILLE.
   Eh bien, Belrose passe.
Te souvient-il, mon cher, qu'autrefois, dans la classe,
Tu te mêlais déjà de déclamation!
Ton instinct t'y portait.

BELROSE.
   Dis ma vocation.

GRANVILLE.
Te voilà donc acteur; c'est un métier fort triste.

BELROSE.

En nous parlant, vois-tu, le mot propre est artiste.

GRANVILLE.

Artiste, si tu veux; si bien que ton appui
Peut m'impatroniser dans la troupe aujourd'hui.

BELROSE.

Tu te feras chasser avec ignominie;
La troupe! Eh! d'où viens-tu? Dis donc la compagnie.

GRANVILLE.

A tout propos, morbleu, veux-tu me contrôler?...
Je n'ai qu'à dire un mot, mon cher, tu vas trembler.

BELROSE.

Quel est ce mot terrible?

GRANVILLE.

Écoute, on vous menace
D'un coup d'autorité dont le seul bruit vous glace.

BELROSE, étonné.

C'est vrai! Paris vers nous détache un inspecteur,
Qui doit porter dans l'ombre un œil observateur,
Et, pour venger les droits de l'art en décadence,
Foudroyer nos talens dans sa correspondance.
Serais-tu, par hasard...?

GRANVILLE.

Oui. Chut!

ACTE I, SCÈNE V.

BELROSE, avec effusion.

Je le revoi,
Cet excellent ami; va, je pensais à toi.
En lisant ton billet j'ai pleuré de tendresse.

GRANVILLE.

Je te crois; sois prudent.

BELROSE, bas.

J'approuve ton adresse.
Je puis te découvrir d'effroyables abus,
Si tu veux à Paris protéger mes débuts.

GRANVILLE.

Soit; mais tu vas tout dire.

BELROSE.

Ah! qu'à cela ne tienne!

GRANVILLE, à part.

Voyons s'il pousse loin la charité chrétienne.

BELROSE.

Tous les emplois sont nuls, hors celui des valets.

GRANVILLE.

Que tu tiens.

BELROSE.

J'ose dire avec quelque succès.
Nos affaires vont mal; parmi nous, comme à Rome,
Alors pour dictateur on choisit un grand homme,
Et Floridore, élu dans ce besoin urgent,

Est chef d'un comité qu'on nomme dirigeant.
De ce Conseil des Cinq ton serviteur est membre,
Et gouverne l'état d'avril jusqu'en septembre.
Floridore a du sens, des lumières, du goût;
Il a tout, il sait tout, il se vante de tout.
Fièrement retranché dans sa froide importance,
Il vous parle toujours à dix pieds de distance,
Arrange son maintien, calcule un geste, un mot :
Voilà son beau côté; du reste, c'est un sot.

GRANVILLE.

Ce début-là promet.

BELROSE.

Oh! pour madame Estelle...

GRANVILLE.

Je ne la connais pas.

BELROSE.

La chose est naturelle;
Elle obtint par faveur un congé de deux mois,
Qu'un arrêt du conseil prorogea jusqu'à trois.
Elle rentre ce soir; soubrette du théâtre,
Elle aspire aux bravos du parterre idolâtre.
C'est peu : vive en intrigue et coquette à l'excès,
Elle aime tous les arts, poursuit tous les succès,
Protége les auteurs, arrange les querelles,
Rend visite aux journaux pour les pièces nouvelles.

Dans ses brusques écarts désolant vingt rivaux,
Elle cherche un époux et par monts et par vaux.
Son automne s'approche, et Lisette a la rage
De couvrir d'un contrat les péchés du bel âge.

GRANVILLE.

Fort bien.

BELROSE.

Plus d'un hymen fut par elle ébauché ;
Mais pour un œil de femme est-il rien de caché ?
Une dame Blinval, notre grande coquette,
Déjoue incessamment les projets de Lisette,
Et donne aux trahisons un tour original,
Qu'on n'a pas pu prévoir dans le Code Pénal.
Son esprit inventif par instinct se fatigue
A rêver aux moyens d'éventer une intrigue.
Elle épousa Blinval à dix-sept ans, au plus.
Il était jeune alors ; ô regrets superflus !
Ce jeune et beau Rodrigue est aujourd'hui don Diègue :
Aux honneurs du soufflet son âge le relègue.
Ces tranquilles époux, d'un commun sentiment,
En se voyant toujours, vivent séparément.
Ils ne se parlent plus depuis leur mariage ;
Aussi dit-on partout qu'ils font très bon ménage.

GRANVILLE.

Et que dit-on de toi ?

BELROSE.

Moi, qui suis le meilleur,
On me trouve brouillon, et quelque peu railleur.

GRANVILLE.

Fi! l'éloge est modeste, et pour toi j'en appelle...
Attends... il me souvient... si l'affiche est fidèle,
J'ai vu quelque autre nom... Vous avez parmi vous
Certain monsieur Bernard?

BELROSE.

C'est un homme fort doux;
Il est du chef d'emploi la troupe auxiliaire,
Dans Racine Eurybate, Ergaste dans Molière.
De la location il porte le fardeau,
Et frappe les trois coups au lever du rideau.

GRANVILLE.

Mais tu ne me dis rien d'une jeune Lucile,
Dont le renom s'étend aux deux bouts de la ville.

BELROSE.

Oh, oh, c'est un sujet rare, excellent, parfait.

GRANVILLE.

Bah!

BELROSE.

Prodige inouï dont je suis stupéfait,
Lucile a de l'esprit, un talent qu'on admire,
De la beauté, vingt ans, et pas de cachemire.

ACTE I, SCÈNE V.

GRANVILLE.

Vraiment?

BELROSE.

C'est à confondre!

GRANVILLE.

Ah! je veux t'embrasser.

BELROSE.

Notre Agnès a l'honneur de vous intéresser?

GRANVILLE.

Infiniment.

BELROSE.

Tant pis.

GRANVILLE.

Pourquoi?

BELROSE.

Tu me fais peine.

GRANVILLE.

D'où vient?

BELROSE.

C'est très fâcheux.

GRANVILLE.

Quoi?

BELROSE.

La chose est certaine.

GRANVILLE.

Mais...

BELROSE.

Elle aime un auteur.

GRANVILLE.

Diable! je viens trop tard.

BELROSE.

C'est, dit-on, de l'aveu de son tuteur Bernard.

BLINVAL, dans la coulisse.

« Fuyez donc, retournez dans votre Thessalie. »

GRANVILLE.

A l'autre!

BELROSE.

C'est Blinval. La chronique public
Qu'il a fait à Paris un début malheureux.

GRANVILLE.

Eh! que m'importe à moi!

BELROSE.

C'est un esprit haineux.

GRANVILLE.

Mon Dieu! dis-moi plutôt...

BELROSE.

Mannequin politique,
Prôneur très roturier de la noblesse antique :
Les nobles, sous Pepin, lui sont assez connus ;

A dater du roi Jean, rien que des parvenus.
Quand on reprit Mérope, il sentit quelque honte
De prêter son visage au soldat Polyphonte,
Et tremblait d'avoir dit d'un air séditieux :
« Qui sert bien son pays n'a pas besoin d'aïeux. »

SCÈNE VI.

Les précédens, BLINVAL.

BLINVAL, un livre à la main.

« Un bienfait reproché tint toujours lieu d'offense.
« Je veux moins de valeur, et plus d'obéissance.
« Fuyez ; je ne crains pas votre impuissant courroux...»

BELROSE.

Salut au roi des rois ; comment vous portez-vous ?

GRANVILLE.

Pourquoi donc l'arrêter ?

BELROSE, bas.

Moi, c'est amitié pure ;
Je voudrais m'assurer de sa mésaventure.

BLINVAL, tristement.

Bonjour.

BELROSE, à Granville.

Il a l'air sombre, on l'aura bafoué.

(à Blinval.)

Paris est-il content? Avons-nous bien joué?

BLINVAL.

On sait comme je pense, on m'en a fait un crime.

BELROSE.

Quoi! de l'opinion vous seriez la victime?

BLINVAL.

Hélas!

BELROSE.

Ce bon Blinval! ah! j'en suis désolé.

BLINVAL.

Sur leurs premiers talens je m'étais modelé :
Pâle, roulant des yeux, effaré, hors d'haleine,
J'alongeais de grands pas, je parcourais la scène;
Bref, j'ai frappé du pied, crié, gesticulé...

BELROSE.

Et qu'a fait le public?

BLINVAL.

Le public m'a sifflé.

BELROSE.

Opinion, parbleu!

BLINVAL.

Je conviens, à leur gloire,

Que trois ou quatre fois j'ai manqué de mémoire.
Ils sifflent sans égard dès qu'ils sont mécontens :
A quoi servira donc qu'on ait des sentimens?

GRANVILLE.

Le public, dont l'arrêt punit ou récompense,
S'informe comme on joue et non pas comme on pense.

BLINVAL.

Monsieur, depuis vingt ans je soutiens qu'il a tort;
(à Belrose.)
C'est là mon grand débat avec votre Victor,
Dont vous donnez ce soir une pièce nouvelle.
Monsieur est son ami, puisqu'il prend sa querelle?

GRANVILLE.

Je ne l'ai jamais vu.

BLINVAL.

C'est trop heureux, ma foi.
Ne le voyez jamais.

GRANVILLE.

Puis-je savoir pourquoi?

BLINVAL.

Au goût du metromane il joint l'humeur d'Alceste;
Tout se peint à ses yeux d'une couleur funeste,
Et cet orgueil chagrin, qui n'a jamais plié,
Des égards qu'il nous doit se croit humilié.
Jamais d'un mot flatteur sa voix ne nous caresse;

Sa franchise parfois frise l'impolitesse.
Je lui demande un jour, après Agamemnon :
Ai-je été bien sublime ? Il m'a répondu : Non.
C'était fort déplacé. Par ce ciel que j'atteste !...

BELROSE.

Revenez sur la terre.

BLINVAL.

Eh bien ! je le déteste
Franchement, bonnement ; et je serai vengé,
Car Bernard doit ce soir lui donner son congé.

GRANVILLE.

Vous dites ?...

BELROSE.

Du conseil doyen et secrétaire,
Pour vos yeux exercés il n'est point de mystère.
Donnez-nous sur Lucile une explication.
Elle aime ce Victor ?

BLINVAL.

Comment ! de passion.

GRANVILLE.

De passion !

BLINVAL.

C'est sûr.

BELROSE, à Granville.

Le cœur de nos déesses

N'est pas inaccessible aux humaines faiblesses.
BLINVAL.
Quand elle débuta, ce fut la pauvreté
Qui réduisit Bernard à cette extrémité.
Le début fut brillant; mais, chose assez commune,
Sans enrichir l'actrice il fit notre fortune.
Victor la vit, l'aima, parut; et, s'il vous plaît,
Lucile en raffola, tout sauvage qu'il est.
En vain nos céladons lui peignaient leur martyre,
Sa conduite jamais n'éveilla la satire;
Et ce couple amoureux habite innocemment
Les hautes régions du plus pur sentiment.
Bernard, importuné de leur longue tendresse,
N'a pu contre leurs vœux défendre sa faiblesse;
Mais à nos deux amans, qu'il a promis d'unir,
Il veut qu'un beau succès assure un avenir.
Voici le jour fatal; dressé chez le notaire,
Le contrat n'attend plus que l'aveu du parterre.
Ce soir, chute complète; et comme je rirai
De voir par le public le contrat déchiré !
Quel plaisir!... Mais bonjour, Clytemnestre m'appelle;
Je suis dans un accès de bonté paternelle;
J'arrange pour demain mes tragiques douleurs;
Je vois, j'entends ma fille, et sens couler mes pleurs.

SCÈNE VII.

GRANVILLE, BELROSE.

GRANVILLE.

Il pleure ses enfans de Mycène ou de Rome,
Et veut un mal de diable à ce pauvre jeune homme.
Voyez le bon apôtre! ah! ton monsieur Blinval
Fait tant qu'il m'intéresse au sort de mon rival.
Tu connais son ouvrage, eh bien donc, que t'en semble?

BELROSE.

C'est une comédie en cinq actes.

GRANVILLE.

                                 Je tremble.

BELROSE.

L'intrigue est assez forte; et la pièce a du fonds,
Mais c'est bien gai...

GRANVILLE.

Tant mieux!...

BELROSE.

                                   Tant pis!

GRANVILLE.
                        Tu me confonds.
BELROSE.
Mon cher, au goût du jour nous devons nous soumettre,
Et le siècle en riant croirait se compromettre.
GRANVILLE.
Eh bien! moi, sans courir après un trait malin,
Je te le dis tout net, j'ai vu Londre et Berlin;
Je trouve à nos auteurs un air de Germanie :
On se perd dans les cieux, chacun vise au génie;
Pour ces penseurs profonds le rire est trop bourgeois,
Et leur comique est gai comme l'Esprit des Lois.
BELROSE.
Tu vas citer Regnard et ton ami Molière;
De nos jours la morale est beaucoup plus sévère.
GRANVILLE.
Nos aïeux, au théâtre oubliant leurs travaux,
Pour aimer plus à rire étaient-ils moins moraux?
Je sais, et j'en suis fier, que le siècle où nous sommes
Peut citer quelques noms après mes deux grands hommes;
Mais notre goût exquis, mortel aux grands talens,
N'ouvre qu'un cercle étroit à leurs pas chancelans.
La morale, eh morbleu! la morale en alarmes
Doit-elle à tout propos crier, prendre les armes?
Les mœurs sur le théâtre ont pour nous mille appas;

Mais courez nos salons, et vous n'en trouvez pas.
Quand nous applaudissons la plus fade équivoque,
D'un trait joyeux et franc notre bon ton se choque,
Et ne pardonne pas un écart de gaîté
Au feu d'un esprit vif, par sa verve emporté;
Des sots de tous les rangs la ferveur politique
Transforme le parterre en arène publique;
Attaquez nos penseurs, vos vers sont trop méchans;
Bernez-vous un marquis, la noblesse est aux champs.
L'auteur intimidé perd son indépendance,
Le naturel s'enfuit, l'art tombe en décadence;
L'ennui règne, et j'enrage, à ne rien déguiser,
De voir que les Français ont peur de s'amuser.

BELROSE.

Oh! quand la politique en discutant l'inspire,
Un homme en dit toujours plus qu'il n'en voulait dire.

GRANVILLE.

Le pauvre esprit! jamais tu ne prendras l'essor;
Mais tu peux m'être utile, et je t'estime encor.
Dans le tripot comique il faut que je me lance :
Floridore est ici, voyons Son Excellence.
Tu vas me présenter.

BELROSE.
Oui.

ACTE I, SCÈNE VII.

GRANVILLE.

Comme un débutant.

BELROSE.

Réfléchissons un peu sur ce point important.
Ce titre éveillera plus d'une jalousie;
Va, crois-moi, sois auteur.

GRANVILLE.

J'aime mieux...

BELROSE.

Fantaisie !
Toi, débutant, chacun te suit d'un œil d'effroi :
Auteur, aucun de nous ne prendra garde à toi.

(prenant un rouleau de papier sur la table.)

Le manuscrit te manque... Ah ! prends...

GRANVILLE.

Quoi!

BELROSE.

Prends, te dis-je.

GRANVILLE.

Mais c'est du papier blanc.

BELROSE.

Allons, prends, je l'exige.
Il te faut un ruban... celui de Figaro,
Tiens... La rosette... bon.

GRANVILLE.

      Tu me perdras, bourreau!
Si quelqu'un lit ma pièce...

    BELROSE.

      Eh! sois sans crainte aucune,
J'en reçois vingt par mois, et je n'en lis pas une.
Attention! J'entends notre jeune premier.
Son asthme le trahit du bas de l'escalier.

SCÈNE VIII.

Les précédens, FLORIDORE, LAURENT, un tailleur, un habitué, garçons de théatre.

GRANVILLE, à Belrose.

Dis donc, c'est un vieillard!

    BELROSE.

      Non, pardieu, je te jure;
Mais c'est un amoureux de jeunesse un peu mûre.

FLORIDORE, au tailleur.

Deux vestes à fleurs d'or et deux habits complets.

    (à l'habitué.)

Vous m'entendez, allez. Voici vos deux billets;
Mais faites, s'il vous plaît, mon affaire en personne.

ACTE I, SCÈNE VIII.

Toi, prépare, Laurent, les vers et la couronne
Que le public charmé doit jeter de ta main
A l'acteur de Paris qui paraîtra demain.

(à sa suite.)

Sortez.

BELROSE.

Souffrez, mon cher, qu'ici je vous présente
Un de mes bons amis que la gloire tourmente;
Un homme de talent qui fait des vers moraux.
Docteur en droit romain, et maître ès Jeux Floraux,
Il a dans un écrit commenté les trois codes,
Et lance des extraits dans le Journal des Modes.
Génie universel! Il m'a dit, ce matin,
Qu'il veut nous réunir dans un pompeux festin.
Il n'ose l'avouer, mais d'avance il s'honore
De posséder chez lui le brillant Floridore.

GRANVILLE.

Que dit-il?

FLORIDORE, à Granville.

Tout Bordeaux veut m'avoir à dîner;
Je n'ai point dans un mois un seul jour à donner...
Mais demain je suis libre.

BELROSE.

O faveur sans seconde!

(à Granville.)

Hein!... comme je te sers!

GRANVILLE, à Belrose.

Que le ciel te confonde!

(à Floridore.)

Monsieur, je suis ravi.

BELROSE.

C'est conclu pour demain.

(à Floridore.)

Il invite en auteur, et sa pièce à la main.

FLORIDORE.

On ne peut pas douter qu'elle ne soit fort belle.

GRANVILLE.

Monsieur, le sentiment est le genre où j'excelle!
Le comique du cœur.

FLORIDORE, avec un sourire d'approbation.

Voici le manuscrit?

GRANVILLE.

Oui, monsieur.

(Floridore prend le papier.)

BELROSE.

Quelle verve, et comme c'est écrit!

GRANVILLE.

Tais-toi!

BELROSE.

Vous y verrez un jeune homme, un Valère,
Vingt-cinq ou vingt-six ans; ce rôle doit vous plaire.

ACTE I, SCÈNE VIII.

FLORIDORE.

D'avance je le crois.

BELROSE, à Floridore.

Donnez-nous vos avis.

GRANVILLE.

Tais-toi donc.

BELROSE.

A la lettre ils seront tous suivis.

FLORIDORE.

Je vous les donnerai.

BELROSE.

La feuille est assez large :
Faites-nous le plaisir de les écrire en marge.

GRANVILLE.

J'enrage.

FLORIDORE.

Je ne puis vous accorder ce point :
Je donne mes avis et ne les écris point.

BELROSE, bas à Granville.

Et pour cause.

FLORIDORE. (Il fait un pas pour sortir, et revient.)
(à Belrose.)

A propos, je n'accuse personne :
Mais depuis un bon mois qu'elle a quitté Bayonne,
Estelle m'a prié d'assembler le conseil ;

Nous manquons trois sur cinq : qu'un scandale pareil

(à Granville.)

N'ait pas lieu dans une heure, adieu. J'ai l'honneur d'être.

SCÈNE IX.

GRANVILLE, BELROSE.

GRANVILLE.

Parle; quel est ton but? que t'ai-je donc fait, traître?

BELROSE.

Suis-je si criminel de rire à ses dépens ?

GRANVILLE.

Tu t'amusais aux miens.

BELROSE.

Allons, je me repens.
Il ne te lira pas, mon Dieu! sois donc tranquille.

GRANVILLE.

Eh! que n'invitais-tu chez moi toute la ville?

BELROSE.

J'ai fait très prudemment par deux bonnes raisons :
Tu nous observes tous, et nous nous amusons.
Le champagne éclaircit de terribles mystères;

J'invite de ta part tous nos sociétaires..

GRANVILLE.

Un moment.

BELROSE.

Nous serons les deux amphitryons :
Tu feras les frais; moi, les invitations :
Sois dans une heure ici. Comme un auteur que j'aime,
Je veux au comité te présenter moi-même.
L'auteur chez qui l'on dîne est sûr d'un bon succès ;
Qui dîne avec son juge a gagné son procès ;
Tout s'arrange en dînant dans le siècle où nous sommes,
Et c'est par les dîners qu'on gouverne les hommes.

FIN DU PREMIER ACTE.

ACTE DEUXIÈME.

SCÈNE I.

BERNARD, VICTOR.

VICTOR.
Non, ne le croyez pas, je me tiendrais infame
Si ce honteux espoir avait séduit mon ame.
BERNARD.
On a, mon cher Victor, des amis, des parens...
VICTOR.
Je pourrais mendier les applaudissemens !
BERNARD.
L'usage est votre excuse.
VICTOR.
    Ah ! fi ! c'est un scandale.

BERNARD.

De ses admirateurs sans peupler une salle,
On doit tout doucement préparer le succès.
Vous pouvez disposer de quarante billets;
Je les ai demandés.

VICTOR.

Et moi je les refuse.

BERNARD lui présente les billets.

Usez de votre droit.

VICTOR, les déchirant.

Voilà comme j'en use.

BERNARD.

Mais vous extravaguez.

VICTOR.

Je vois avec mépris
Ces triomphes d'un jour achetés ou surpris,
Des beaux-esprits du temps les manœuvres savantes,
Ces bruyans alliés, ces machines vivantes,
Dont l'auteur, appuyant son mérite en défaut,
Contre tout un public prend un succès d'assaut.
Eh quoi! j'ai dévoré les dégoûts, les outrages,
J'ai consumé mes nuits à polir mes ouvrages,
Pour que vingt malheureux, par mon or soudoyés,
Chatouillent mon orgueil de leurs bravos payés!
Et c'est ce bruit flatteur qu'on nomme une victoire!

Un cœur né généreux poursuit une autre gloire.
Je confie au public mes plus chers intérêts,
Mais en les respectant j'attendrai ses arrêts.
Malheur à l'esprit vain qui, dans l'ardeur de plaire,
Se dérobe aux rigueurs d'un juge qui l'éclaire!
Le parterre abusé n'est dupe qu'un instant.
L'auteur s'est pris lui seul dans les piéges qu'il tend :
Trompé sur ses écarts, il doit faillir encore,
Et, retombant sans cesse aux défauts qu'il ignore,
Laisse d'un beau talent l'espérance avorter,
En volant des succès qu'il eût pu mériter.

BERNARD.

L'honneur exagéré va droit au ridicule.
Pour réformer nos mœurs vous prenez la férule :
Vous débutez, Victor; dans ce pas hasardeux,
Aurez-vous pour soutiens un journaliste ou deux?

VICTOR.

Non.

BERNARD.

Et si par hasard leur plume vous déchire?

VICTOR.

C'est un malheur.

BERNARD.

Chez eux allez vous faire écrire.

VICTOR.

Non.

BERNARD.

On voit bien son juge.

VICTOR.

Eh! non, mille fois non.
Parlez, qu'importe au mien mon visage ou mon nom?
Quand je viens l'attendrir, c'est un sot s'il m'écoute;
Il est vil s'il se vend, lâche s'il me redoute.
Un bon ouvrage enfin tue un mauvais journal.
Moi, j'irais caresser, jusqu'en son tribunal,
Quelque arbitre du goût dont la feuille éphémère
Distille les poisons d'une censure amère,
Au bon sens, au bon droit donne un plat démenti,
Pour juger un auteur consulte son parti,
Aigrit nos passions, et dénonce à la France
L'écrit qu'il n'a pas lu, mais qu'il flétrit d'avance!
Voilà donc les faux dieux que je dois encenser!
Ah! croyez-moi, leurs traits ne peuvent m'offenser.
Qu'ils soient mes ennemis, que leur courroux m'accable,
Qu'ils me déchirent, soit, leur haine est honorable!
Il est, n'en doutez pas, il est d'autres censeurs,
Du talent méconnu courageux défenseurs,
Qui lui prêtent leur voix avant qu'il la réclame,
Qui ne trafiquent point de l'éloge ou du blâme,

Et, gardant pour le vice une juste fureur,
Des travers de l'esprit se moquent sans aigreur.
Je rends trop de justice à ces rares mérites
Pour les importuner de mes lâches visites.
Si je cueille un laurier par la gloire avoué,
Je ne connaîtrai point celui qui m'a loué.
Au moins, je pourrai dire : Il écrit ce qu'il pense.
Est-il quelques chagrins que ce mot ne compense,
Qu'il ne fasse oublier, qu'il ne change en plaisirs?
Tel est le but constant qu'embrassent mes désirs :
Inestimable bien, honneur digne d'envie,
Que je paîrai trop peu du repos de ma vie.

BERNARD.

J'aime ces sentimens, ils sont beaux ; mais enfin,
Avec beaucoup d'honneur on peut mourir de faim.
Lucile est mon trésor, mon espoir, ma famille ;
Moins tendrement, peut-être, un père aime sa fille.
Vous voulez nous ravir cet excellent sujet :
Bien que dans un mari j'approuve ce projet,
Je veux que mon enfant vive, ne vous déplaise,
Sinon dans l'opulence, au moins fort à son aise.
Puisque vous tenez tant à ce chien de métier,
Ayez donc un succès, un succès plein, entier,
Que prône le public et le journal lui-même.
Autrement point d'hymen : c'est là ma loi suprême.

Je retourne à mon poste, où sans doute on m'attend.

(à Lucile qui entre.)

Ah! viens; de ton Victor, je ne suis pas content;
Il exagère tout. C'est à toi, ma Lucile,
De fléchir, s'il se peut, cet esprit indocile.
Je te laisse avec lui.

SCÈNE II.

LUCILE, VICTOR.

LUCILE.

Qui vous a donc fâchés?
Qu'avez-vous fait?

VICTOR.

Moi? rien.

LUCILE.

Quoi! vous me le cachez!
Il peut avoir des torts, mais il est notre père;
Il est le mien du moins.

VICTOR.

Mon Dieu! je le révère.
Pourquoi prend-il plaisir à me désespérer?

LUCILE.

Bon!

VICTOR.

Il veut m'avilir.

LUCILE.

Lui!

VICTOR.

Me déshonorer.

LUCILE.

Allons!

VICTOR

Jusqu'à l'intrigue il veut que je descende,
De ma carte aux journaux que je porte l'offrande.

LUCILE.

Nos actions souvent démentent nos conseils :
Jamais, s'il eût suivi des préceptes pareils,
L'emploi des confidens n'eût borné sa carrière;
Il serait riche, heureux, il aurait part entière :
Mais, comme des journaux il ne fut pas prôné,
Le premier débutant l'a toujours détrôné.

VICTOR.

C'est peu, sur votre sort sa prudence inquiète
Mêle à mon espérance une terreur secrète.
Si notre hymen pour vous n'était pas fortuné!
De cet astre ennemi sous lequel je suis né

Si vous sentiez un jour la fatale influence !
Que puis-je vous offrir ? à peine de l'aisance.
Votre amant envers vous ne saurait s'acquitter.
Vous rendra-t-il jamais ce qu'il vous fait quitter ?
Vous verrai-je, à vingt ans, renoncer sans tristesse
A ces brillans plaisirs qui vous cherchent sans cesse,
A l'encens d'une cour, aux vœux de tant d'amans,
A ce bruit si flatteur des applaudissemens ?

LUCILE.

Je l'avoûrai tout bas, j'aime qu'on m'applaudisse :
De quel prix vous payez ce léger sacrifice !
Je vous devrai ce bien que j'ai tant regretté,
D'un sort indépendant la douce obscurité,
Un titre, le bonheur dont jouit une mère,
Qui vaut bien des bravos la trompeuse chimère.

VICTOR.

Mon aimable Lucile !

LUCILE.

    Et qu'il me sera doux
D'aller vous applaudir, d'être fière de vous !

VICTOR.

Non, il n'est point d'ennui, de chagrin si farouche,
Que ne puisse adoucir un mot de votre bouche.
Mais ne nous flattons pas d'un trop charmant espoir.

ACTE II, SCÈNE II.

LUCILE.

Pourquoi ?

VICTOR.

Qui sait, grand Dieu! quel sort m'attend ce soir!
Sous l'effort des sifflets si ma pièce succombe,
C'en est fait, je vous perds; je suis mort si je tombe.

LUCILE.

Jugez de mes tourmens, Victor, et plaignez-moi :
Aux regards du public déguisant mon effroi,
Prête à verser des pleurs, il me faudra sourire...
Mon rôle est excellent, je crains de le mal dire.

VICTOR.

Fût-il cent fois mauvais, dit par vous, il plaira.

LUCILE.

Lorsque je paraîtrai, comme mon cœur battra !

VICTOR.

Quel moment pour tous deux! Encor si nul obstacle
N'ajourne mon supplice en changeant le spectacle!
Ciel! je crois voir l'affiche, en proie aux curieux,
D'une bande traîtresse épouvanter leurs yeux.
Je ne sais quel démon à ma perte conspire ;
Quel que soit mon projet, quelque but où j'aspire,
Mes vœux par le destin semblent contrariés.
Si je vous haïssais, nous serions mariés.
Qu'on vante les vertus du beau siècle où nous sommes,

J'ai cherché vainement un appui chez les hommes.
Orphelin, sans secours et partout repoussé,
Je suivais, malgré moi, mon penchant insensé;
Nul ne m'a soutenu d'un regard d'indulgence.
Abandonné par eux à ma fière indigence,
Seul, j'ai conçu ma pièce avec rage et douleur;
C'était un sujet gai, pour comble de malheur.
Mais puis-je comparer ces chagrins domestiques
A ceux que me gardaient vos sénateurs comiques?
Traitent-ils d'assez haut l'auteur qui les nourrit!
Font-ils languir assez un pauvre manuscrit!
Quels dédains protecteurs! quelle étrange indolence!
Ils ont, pendant six ans, lassé ma patience.
Quand par grace à la fin je suis représenté,
Un jour peut me ravir ce qui m'a tant coûté;
Et j'attendrai dix ans, dix ans avec ma honte,
L'honneur de me laver d'une chute si prompte.

LUCILE.

Eh bien! au célibat nous voilà condamnés
Pour dix ans tout au moins. Courage.

VICTOR.

Ah! pardonnez.

LUCILE.

Paix, on vient.

SCÈNE III.

Les précédens, BELROSE.

BELROSE.
J'étais sûr de vous trouver ensemble.
Ici, dans un instant, le comité s'assemble.

VICTOR.
Quand répètera-t-on ?

BELROSE.
Vos affaires vont mal.
La pièce est aux arrêts chez le censeur royal.

VICTOR.
Qu'ai-je dit ?

LUCILE.
Qu'un censeur est un homme terrible !

VICTOR.
Allons, je cours parler à ce juge inflexible.
Dans peu je vous revois.

LUCILE.
Je vais étudier.

SCÈNE IV.

BELROSE, seul. (Il tire un papier de sa poche.)

J'ai, ma foi, très bien fait de les congédier.
Une lettre perdue au pied d'une coulisse !
Ce doit être du beau... Si de quelque malice...
Ah ! madame Blinval !... Son démon familier,
Pour désoler quelqu'un, semble me l'envoyer.

SCÈNE V.

MADAME BLINVAL, BELROSE.

BELROSE.

Accourez : du scandale ! une épître amoureuse.

MADAME BLINVAL.

Pour qui?

BELROSE.

L'adresse manque; oh ! ma main scrupuleuse

ACTE II, SCÈNE V.

Ne se permettrait pas de briser un cachet.

MADAME BLINVAL.

Je vous approuve fort; il faut être discret.
Lisons.

BELROSE.

« Je me soumets, belle veuve; je m'imposerai huit
« jours d'une retraite austère. Huit jours passés sans
« vous voir seront pour moi un siècle de souffrance;
« mais, après ce délai, nul obstacle ne doit retarder
« notre mariage et mon bonheur. Permettez qu'un
« cachemire rouge et un brillant, que j'ai rapportés
« des Grandes-Indes, accompagnent ma lettre. Aux
« termes où nous en sommes, vous ne pouvez refuser
« ces bagatelles, qui sont les premiers présens de
« noces de votre tendre amant et futur époux.

« Lord Pembrock. »

Découvrez-vous celle de nos sultanes
Où peuvent s'adresser ces douceurs anglicanes?

MADAME BLINVAL.

C'est Estelle.

BELROSE.

Vraiment?

MADAME BLINVAL.

Du moins, j'en ai l'espoir.

BELROSE.

Mais...

MADAME BLINVAL.

Il faut les brouiller à ne plus se revoir..

BELROSE.

Voilà bien le souhait d'une honnête personne !

MADAME BLINVAL.

Détrompons son milord.

BELROSE.

Oh ! que vous êtes bonne !

MADAME BLINVAL.

Son talent assez mince est pour moi sans danger ;
Mais sa vogue m'irrite, et je veux m'en venger.

BELROSE.

Bravo ! Que la vengeance est douce aux belles ames !
C'est le plaisir des dieux et le bonheur des femmes.

(Ici Blinval entre sans prendre garde à sa femme, et s'assied pour travailler auprès d'une table.)

Sommes-nous bien certains qu'Estelle soit l'objet...?

MADAME BLINVAL.

Oui, mon pressentiment est un avis secret.
Je suis son ennemie, elle en aura la preuve:
Elle se targue bien du bonheur d'être veuve.

BLINVAL, se levant et saluant.

Ne vous gênez donc pas, ma femme, grand merci !

ACTE II, SCÈNE VI.

MADAME BLINVAL.

C'est vous !... Que j'ai de joie à vous revoir ici !

BELROSE.

Tiens, Blinval ! c'est charmant !

MADAME BLINVAL, à Belrose.

Floridore s'avance,
Estelle l'accompagne ; observons tout : silence !

BELROSE.

Bien vu. Retranchons-nous dans notre dignité,
Et couvrons nos projets d'un air de comité.

SCÈNE VI.

Les précédens, FLORIDORE, ESTELLE.

(Blinval est assis auprès d'une table couverte de papiers, Floridore milieu dans un fauteuil, les autres sur des chaises.)

FLORIDORE.

La séance est ouverte.

MADAME BLINVAL, à Belrose.

Hem... regardez Estelle.
Le cachemire rouge...

BELROSE.

Et le brillant...

MADAME BLINVAL.

C'est elle.

FLORIDORE, avec dignité.

Votre intérêt commun n'emprunte point ma voix
Pour tracer le tableau d'une caisse aux abois,
Ou, se rangeant aux vœux d'un public débonnaire,
Presser de nos travaux la lenteur ordinaire.
Il est bon dans les arts d'avancer pas à pas;
Le public est plaisant de ne le sentir pas.
Il s'agit aujourd'hui d'un dîner, d'une fête,
Où veut nous réunir un monsieur fort honnête;
Un ami de Belrose, opulent, quoique auteur :
Le fait ne s'est pas vu de mémoire d'acteur.
Je n'ose régler seul ce qu'il convient de faire,
Et soumets au conseil cette importante affaire.

BELROSE.

Sans livrer le projet à la discussion,
Je crois qu'il doit passer par acclamation.

TOUS.

Appuyé!

FLORIDORE, à un domestique en grande livrée, qui entre.

Que veut-on?

ACTE II, SCÈNE VI.

LE LAQUAIS.

Monsieur Victor demande
S'il pourrait vous parler.

FLORIDORE.

Un moment ; qu'il attende :
Nous sommes occupés d'objets très sérieux.

(Le laquais sort.)

ESTELLE, se levant.

Messieurs, avec douleur je vous fais mes adieux.
J'ai d'un engagement subi le rude empire,
Je m'y soumets encor : dans huit jours il expire ;
D'après nos réglemens je reprendrai mes droits,
Et j'assiste au conseil pour la dernière fois.

MADAME BLINVAL, bas à Belrose.

Dans huit jours !

ESTELLE.

Ma santé se dérange et s'altère,
Je vais m'ensevelir dans le fond d'une terre,
Occuper mes loisirs par des soins bienfaisans,
Et veiller sur les mœurs de mes bons paysans.

MADAME BLINVAL.

Quoi, nous quitter sitôt ! Est-ce agir en amie ?

ESTELLE.

Contre un tel coup mon ame est à peine affermie ;
Mais il le faut, ma chère.

FLORIDORE.

Il suffit, et Blinval
En fera son rapport au conseil général.

BLINVAL.

Que répondre à Florbel, messieurs, sur sa lecture ?
De notre négligence on prétend qu'il murmure.
Vous étiez si pressés de partir l'autre fois,
Qu'on n'a pas eu le temps de recueillir les voix.

ESTELLE.

Il se plaint ? Les auteurs sont d'une humeur étrange.

BLINVAL.

Voici l'opinion du bonhomme Lagrange.

FLORIDORE.

Lisez.

BLINVAL.

« La surdité qui me prend par instans
« M'a fait perdre plus d'un passage ;
« Mais quelques auditeurs m'ont paru mécontens.
« Je crois pouvoir juger l'auteur sur leur visage ;
« Mon refus motivé, c'est qu'un homme à vingt ans
« Ne peut pas faire un bon ouvrage. »

FLORIDORE.

Savez-vous qu'à son âge il juge encor très bien !

BELROSE.

Pour un sourd.

BLINVAL.

Trois refus, en comprenant le mien.
Florbel est philosophe, et dit ce qu'il faut taire :
J'ai donné sur sa joue un soufflet à Voltaire.

MADAME BLINVAL.

Je refuse, le style est par trop familier.

BERNARD, *passant doucement la tête entre les deux battans de la porte.*

Pardon : monsieur Victor m'engage à vous prier...

FLORIDORE.

C'est nous persécuter d'une étrange manière.
Qu'il nous laisse, on ne peut terminer une affaire.

(*Bernard se retire.*)

BELROSE.

Pour la réception j'ai donné mon scrutin.

BLINVAL.

De la petite Emma voici le bulletin :
« Pour moi la langue est tout; au plus rare mérite
« Je ne puis sur ce point pardonner un écart ;
« Je vote le rejet, et le motive; car
    « Cette ouvrage est très mal écrite. »

(*On rit.*)

BELROSE.

Ce scrutin compte-t-il ?

FLORIDORE.

Messieurs, respect aux droits :
Qu'on sache écrire ou non, l'on a toujours sa voix.

BLINVAL, comptant les bulletins.

En ce cas, refusé.

BELROSE.

Ma foi, c'est grand dommage :
Je trouvais du bon, moi, dans ce mauvais ouvrage.

FLORIDORE, à Blinval.

Aussi répondrons-nous qu'il est fort bien écrit..,
Des détails très heureux... infiniment d'esprit...
De l'observation... des mœurs...

BELROSE.

En conséquence,
Nous refusons la pièce.

FLORIDORE.

Eh! mon Dieu! patience.
Mais...

ESTELLE.

L'auteur va pâlir à ce terrible mais.

FLORIDORE, à Blinval.

De ces restrictions qui n'offensent jamais...
Un dénoûment brusqué... quelques réminiscences...
L'entente de la scène... et puis les circonstances...
C'est un jeune homme, enfin, qu'il faut encourag

UN LAQUAIS.

Monsieur Granville.

FLORIDORE.

Entrez...

BELROSE, à l'assemblée.

C'est le noble étranger
Qui nous traite demain.

SCÈNE VII.

Les précédens, GRANVILLE.

(Tout le monde se lève, et salue profondément.)

FLORIDORE, à l'assemblée.

Vous voyez en personne
L'auteur de certains vers dont la beauté m'étonne.

GRANVILLE, s'inclinant.

Eh quoi...?

FLORIDORE.

J'ai lu votre acte, et j'en suis enchanté.

BELROSE, à part.

Par exemple, c'est fort!

GRANVILLE.
Combien je suis flatté...!

(à Belrose.)
Se moque-t-il de moi?

FLORIDORE.
J'aime votre Valère...

(frappant sur le manuscrit.)
Ah! c'est vraiment très bien!

BELROSE.
Bravo! comme il s'enferre!

ESTELLE, à Floridore
Auriez-vous, par hasard, retenu quelques vers?

FLORIDORE.
De très bons... je pourrais les citer de travers :
J'ai lu rapidement.

BELROSE.
Mais moi, je me rappelle

(à Granville.)
Cette tirade... Eh! oui.

GRANVILLE, à Belrose.
Je ne sais pas laquelle.

(aux comédiens.)
Ma muse aux grands sujets se monte sans efforts;
Mon style n'est pas gai, messieurs, mon style est fort :
Thalie a dans mes vers un air tout romantique,

Et donne même un peu dans la métaphysique.
Boileau, timide auteur, qui n'a pas toujours tort,
Sur un point seulement est avec moi d'accord :
Je foule aux pieds le sac où Scapin s'enveloppe ;
J'ai puisé dans Shakspear, dans Schiller et dans Lope ;
Si le genre sévère a pour vous des appas,
Lisez ma comédie, et vous ne rirez pas.

BLINVAL.

L'avis de Floridore est pour vous un grand titre ;
Floridore est du goût un infaillible arbitre.

GRANVILLE, s'inclinant.

Monsieur...

ESTELLE.

Il rend justice à votre beau talent.

GRANVILLE, saluant.

Madame...

MADAME BLINVAL.

Il l'admire...

GRANVILLE, saluant.

Ah !

BELROSE.

L'ouvrage est excellent !

GRANVILLE.

Mon ami...

BLINVAL.

C'est jugé.

ESTELLE.

Reçu de confiance.

GRANVILLE.

Ah ! mesdames, messieurs !

SCÈNE VIII.

Les précédens, BERNARD; VICTOR, un manuscrit à la main.

VICTOR.

J'ai perdu patience :
Pardonnez, le temps presse.

BERNARD, timidement.

Oui, quand répétons-nous ?

FLORIDORE.

Mon Dieu ! nous n'attendions que votre pièce et vous.

VICTOR.

Alors veuillez me suivre...

(Victor sort le premier, Blinval le suit, Floridore donne la main aux deux dames.)

BELROSE, bas à Granville.

Eh bien?

GRANVILLE.

J'ai peur de rire.

FLORIDORE.

Partons.

GRANVILLE, à Bernard, en le suivant.

Monsieur Bernard, j'ai deux mots à vous dire.

SCÈNE IX.

BELROSE, seul.

Ce pauvre Floridore! ah! je m'en veux, c'est mal.
Une fois en faveur au théâtre royal,
Je prétends le servir en ami de collége...
Il est assez mauvais pour que je le protége.
Allons les retrouver.

SCÈNE X.

BELROSE, un laquais.

LE LAQUAIS.
Monsieur...

BELROSE.
Qu'est-ce ?

LE LAQUAIS.
Un Anglais
Cherche monsieur Bernard, qu'il ne trouve jamais.
Il est venu tantôt retenir en personne
Une loge grillée, et veut qu'on la lui donne :
Il la demande en vain. Que faire? tout est pris.

BELROSE.
Les noms des amateurs par ordre étaient inscrits;
Le sien?

LE LAQUAIS.
Milord Pembrock.

BELROSE, tirant une lettre de sa poche.
Pembrock ! ô providence !
La belle occasion de les mettre en présence !

ACTE II, SCÈNE X.

Pour Estelle et pour lui l'entretien sera doux,
Et c'est avant la noce un plaisant rendez-vous.
Milord, sans le savoir, entrera dans mes vues;
Courons le voir. Vivat! ce soir je vais aux nues;
Mes débuts dans un mois, demain pompeux festin,
Aujourd'hui grand scandale! Allons, saute, Frontin!

FIN DU DEUXIÈME ACTE.

ACTE TROISIÈME.

SCÈNE I.

GRANVILLE, seul.

Ils répètent la pièce, et je viens de l'entendre ;
Je veux être pendu, si j'y puis rien comprendre.
L'un gronde entre ses dents, l'autre rit aux éclats ;
On crie, on s'interrompt, l'auteur peste tout bas...
Moi, j'admirais de près ma charmante cousine.
Bernard en dit un bien !... Elle est, ma foi, divine ;
Belrose, dont l'avis ne peut être suspect,
En parle avec éloge et même avec respect.
Mais Victor m'inquiète, et j'entends qu'on l'oublie ;
Quand j'offre un million, refuser est folie.
Lucile a du bon sens... Je la croyais ici...
Ah ! ce pauvre Victor, je le plains ! La voici.

SCÈNE II.

GRANVILLE, LUCILE.

LUCILE.

J'espérais au foyer trouver madame Estelle,
Mais je ne la vois pas... Pardon!

GRANVILLE.

Mademoiselle,
Puis-je vous demander si l'on dispute encor?

LUCILE.

Tout le monde à la fois, jusqu'à monsieur Victor;
Enfin, madame Estelle est ma seule espérance.

GRANVILLE.

Ces débats sont fréquens... selon toute apparence?

LUCILE.

C'est ainsi qu'on répète.

GRANVILLE.

Avec ce même accord?

LUCILE.

Oui.

GRANVILLE.

C'est plus fatigant que je n'ai cru d'abord.

LUCILE, s'en allant.

Permettez...

GRANVILLE.

Un moment, écoutez-moi, de grace :

(à part.)

Ma déclaration quelque peu m'embarrasse...
Voulez-vous m'honorer d'un regard?... Les beaux yeux!
Je vais vous étonner : me trouvez-vous bien vieux?

LUCILE.

Que veut dire, monsieur...?

GRANVILLE.

Parlez, un long voyage
A dû brunir mon teint et creuser mon visage ;
Mais j'ai trente-six ans.

LUCILE.

Je ne devine pas...

GRANVILLE.

Les voyageurs sur mer n'ont pour vous nul appas?

LUCILE.

Non, monsieur.

GRANVILLE.

C'est dommage; et si, par aventure,
Un marin, dont l'esprit ne fût pas sans culture,

Grand voyageur, bien franc, tourné dans ma façon,
Ayant mes traits, mon air, honnête homme et garçon,
De mon âge à peu près, d'un joyeux caractère,
Tombait dans ce foyer de quelque autre hémisphère,
Et, jurant à vos pieds l'amour le plus constant,
Appuyait son aveu d'un million comptant,
Vous offrait un hôtel, un brillant équipage...

LUCILE.

Je ne saurais, monsieur, comprendre ce langage;
Souffrez...

GRANVILLE.

Non pas, un mot doit calmer votre effroi.
Votre tuteur m'approuve, au moins écoutez-moi.
Dans ce maudit foyer tout prête à l'équivoque;
J'explique en l'achevant un discours qui vous choque.
Ce voyageur, c'est moi; son portrait, c'est le mien :
Et c'est avec son nom qu'il vous offre son bien.

LUCILE.

Cette preuve d'estime et me touche et m'honore.
Le monde, je le vois, me rend justice encore;
Mais l'accueil du public a passé mes désirs.
Mes devoirs, grace à lui, sont pour moi des plaisirs;
Contente de mon sort, heureuse près d'un père,
Je ne peux...

ACTE III, SCÈNE II.

GRANVILLE.

Je suis franc : seriez-vous moins sincère?
Expliquons ce refus : certain monsieur Victor
A surpris votre cœur, et me fait un grand tort.

LUCILE.

Je suis fière, il est vrai, de l'amour qu'il m'inspire;
Son talent...

GRANVILLE.

Ah! talent dont on ne peut rien dire,
Qui n'est pas bien prouvé.

LUCILE.

Qui doit l'être ce soir,
Qui le sera, monsieur.

GRANVILLE.

C'est ce qu'il faudra voir.
Un poète!

LUCILE.

Il est loin d'être millionnaire;
Alors, pour bien des gens c'est un homme ordinaire;
Qu'il le soit à vos yeux, rien de plus naturel :
Il n'offre pas d'écrin, d'équipage, d'hôtel :
Non; mais je l'aime.

GRANVILLE.

Eh! c'est cet amour dont j'enrage,
Pour qui j'aurais cent fois donné mon héritage.

Que vous manquerait-il si j'étais votre époux ?
Si vous m'aviez aimé ?

LUCILE.

Je n'eusse aimé que vous.

GRANVILLE.

Grand merci pour Victor ! D'une mer turbulente
Il va sur un théâtre affronter la tourmente.
Quelle audace ! Malgré son mérite et vos vœux,
Je crains fort qu'il n'échoue.

LUCILE.

Il sera malheureux ;

Et je l'en chérirai, s'il se peut, davantage.

GRANVILLE.

Mais, affranchi par là du serment qui l'engage,
Votre tuteur enfin...

LUCILE.

Je connais mon devoir ;

Mon tuteur sait aussi jusqu'où va son pouvoir,
A sur mes sentimens l'autorité suprême ;
Mais je n'en dois, monsieur, répondre qu'à lui-même.

(Elle fait une révérence et sort.)

SCÈNE III.

GRANVILLE, seul.

Eh bien! de son refus je suis tout stupéfait!
(avec emportement.)
Préférer un Victor!... qui me vaut bien, au fait.
Monsieur le légataire, allons, point de faiblesse;
Je saurai si Victor mérite sa tendresse.

SCÈNE IV.

GRANVILLE, BELROSE.

BELROSE.

Tiens, c'est toi! tu vas rire.

GRANVILLE.

Eh! de quoi?

BELROSE.

C'est charmant!

Tu vas bien t'amuser. Une veuve, un amant...
GRANVILLE.
S'agit-il, par hasard, de Victor, de Lucile?
BELROSE.
Non, non, c'est une histoire.
GRANVILLE.
      Eh ! laisse-moi tranquille!
Intrigue, mon enfant, si tel est ton plaisir;
Pour chagriner autrui je n'ai pas de loisir.

     (Il sort.)

SCÈNE V.

BELROSE, seul.

Chagriner, chagriner! quel mauvais caractère!
On ne rirait de rien. Milord viendra, j'espère,
Estelle aussi... Faut-il me mêler aux débats?
Belrose, mon ami, ne vous exposez pas :
Une femme en colère est toujours respectable.
Des orages du cœur je me défie en diable ;
On épargne l'amant; c'est pour les indiscrets
Que la grêle est à craindre, et qu'il pleut des soufflets.

SCÈNE VI.

BELROSE, PEMBROCK.

BELROSE.
Entrez, milord, entrez, c'est par ici.
PEMBROCK.
De grace,
D'où me connaissez-vous ? ce procédé me passe ;
Me céder votre loge !
BELROSE.
Attendez un moment,
Et vous serez surpris bien agréablement.
PEMBROCK.
Volontiers ! mais, ravi de tant de complaisance,
Je veux faire avec vous plus ample connaissance.
BELROSE.
C'est trop d'honneur !
PEMBROCK.
Non pas ; un préjugé français
Long-temps pour vous, messieurs, fut injuste à l'excès.
Quand un comédien unit, en Angleterre,

Aux dons d'un beau talent un noble caractère,
Il peut prétendre à tout, partout il est admis,
Nous nous honorons tous du nom de ses amis ;
Et c'est le moins qu'on doive aux travaux qu'il s'impose,
A l'esprit délicat que ce grand art suppose,
Aux rares qualités dont l'ensemble enchanteur
Trouble, étonne, attendrit, captive un spectateur,
Arrache une jeunesse ardente et désœuvrée
Aux dangereux loisirs d'une longue soirée...

BELROSE, à part.

Qui peut la retenir ?

PEMBROCK.

Quand on y veut songer,
Que de tentations le doivent assiéger !
S'il oppose à leur charme un courage exemplaire,
Est-il pour l'honorer un trop noble salaire ?
Londres n'en connaît point, et naguère, à sa voix,
Garrick suivit Shakspear dans le tombeau des rois.

BELROSE.
(à part.)

Paris fait moins pour nous. Je ne vois pas Estelle.

PEMBROCK.

Mais, loin de se régler sur un pareil modèle,
De faire comme vous, si c'est un intrigant,
Un brouillon...

BELROSE.

Ah ! milord...

PEMBROCK.

A Londre on en voit tant...
Alors ce n'est plus lui, c'est son talent qu'on aime ;
Et, s'il perd notre estime, il le doit à lui-même.

BELROSE.

(à part.)

Milord... Je viens pour rire, et j'attrape un sermon.

(à Pembrock.)

Mais que peut faire Estelle? Oh ! je la vois. Pardon.

SCÈNE VII.

PEMBROCK, BELROSE, ESTELLE.

BELROSE. (Il prend la main d'Estelle, et la conduit en causant près de Pembrock.)

Je voulais avec vous me concerter d'avance,
Et je vous attendais pour la reconnaissance.

ESTELLE.

C'est milord !

PEMBROCK.

C'est ma veuve !

BELROSE.

Ah, mon Dieu! quoi, vraiment?
Que je suis donc fâché... c'est bien innocemment...
Mais je crains de gêner un si doux tête-à-tête.
(à part.)
Il faut que tout le monde ait sa part de la fête.
Courons les avertir.

SCÈNE VIII.

ESTELLE, PEMBROCK.

ESTELLE.

Puis-je en croire mes yeux?
Quoi! vous ici, milord!

PEMBROCK.

Vous, baronne, en ces lieux!
Voilà donc la douleur où vous étiez livrée!

ESTELLE.
C'est donc là cette foi que vous m'aviez jurée!

PEMBROCK.
Madame, expliquons-nous, sans larmes, sans fureurs:
Comment vous trouvez-vous dans un foyer d'acteurs?

ESTELLE.
Moi...!

PEMBROCK.

Cherchez des raisons qui me puissent confondre !

ESTELLE.

(à part.)

Il ne faudrait qu'un mot ! Je ne sais que répondre.

PEMBROCK.

Et comment ce monsieur qui vient de nous quitter
Sur un rôle avec vous peut-il se concerter ?

ESTELLE, à part.

J'y suis !

PEMBROCK.

Votre embarras malgré vous se décèle.

ESTELLE.

Connaissez-vous l'auteur de la pièce nouvelle ?

PEMBROCK.

Non. Que m'importe ? Ici qui peut vous amener ?

ESTELLE.

Rougissez donc, ingrat, de m'oser soupçonner.

PEMBROCK.

Je ne souffre que trop à vous croire parjure ;
Achevez.

ESTELLE.

Je m'adonne à la littérature.

PEMBROCK.

Vous !

ESTELLE.

La pièce est de moi.

PEMBROCK.

Vous auteur !

ESTELLE.

Eh! milord,
Quelle femme aujourd'hui ne brigue un si beau sort !
En vain l'autorité d'un ridicule usage
Confinait nos talens dans les soins d'un ménage :
Le Pinde est envahi par des femmes auteurs ;
Devant nous la morale abaisse ses hauteurs ;
Notre génie embrasse et peinture et musique,
Et dans ses profondeurs sonde la politique.
Des rigueurs du public j'osais braver l'écueil ;
Je vous apparaissais, dans mes rêves d'orgueil,
Aux acclamations d'un parterre unanime,
Comme un astre écartant la nuit de l'anonyme ;
Je vous voyais surpris, stupéfait, enchanté.
Je n'ai rien fait, ingrat, pour la postérité ;
L'amour seul me guidait au temple de mémoire ;
Oui, je voulais en dot vous apporter ma gloire,
Et vous suivre à l'autel le front ceint de lauriers.

PEMBROCK.

Quoi! la pièce qu'on donne...? est-il vrai...? vous seriez...?
Se peut-il? vous auteur ! Je ne me sens pas d'aise :

ACTE III, SCÈNE VIII.

J'aimais, sans le savoir, la Sapho bordelaise !

ESTELLE.

Mais quand je vois ma gloire en horreur à vos yeux...

PEMBROCK.

Comment ?

ESTELLE.

Tout son éclat me devient odieux !

PEMBROCK.

Mais écoutez-moi donc.

ESTELLE.

O funeste délire,
Qui pensa me coûter le seul bien où j'aspire !

PEMBROCK.

De grace...

ESTELLE, entraînant Pembrock.

Adieu, lauriers ! Venez.

PEMBROCK.

Mais....

ESTELLE.

Je le veux :
Que m'importe de plaire à nos derniers neveux ?
C'est de vous, de vous seul que je veux être aimée ;
Je dois vous immoler jusqu'à ma renommée ;
Je vous la sacrifie... En vain vous résistez...

(à part.)

Venez... Je suis perdue.

SCÈNE IX.

Les précédens, VICTOR, FLORIDORE, madame BLINVAL.

VICTOR, à Estelle.

Ah ! madame, arrêtez !
Je suis abandonné, trahi par tout le monde ;
Qu'au moins dans ce débat votre voix me seconde.
Prenez mes intérêts, j'ose vous en prier.

PEMBROCK, bas à Estelle.

Quel est ce monsieur-là ?

ESTELLE, bas à Pembrock.

C'est un jeune premier

(haut à Victor.)

Qui débute. L'ouvrage, en vous faisant connaître,
A mon faible talent eût fait honneur peut-être.
Le sort, qui m'interdit un espoir si flatteur,
Frappe du même coup et l'artiste et l'auteur.

Je ne puis rien pour vous.

VICTOR.

O Dieu !

PEMBROCK.

Qui vous oblige...?

ESTELLE, l'entraînant.

Non, c'en est fait! venez, je le veux, je l'exige.

SCÈNE X.

VICTOR, FLORIDORE, MADAME BLINVAL.

VICTOR.

Aurais-je dû m'attendre à ce retour soudain!

MADAME BLINVAL.

S'il la fait milady, j'en mourrai de chagrin.

VICTOR, à madame Blinval.

Madame, par pitié... la pièce est affichée.

MADAME BLINVAL, lui rendant son rôle.

Faites jouer Lucile, on n'en est pas fâchée;
Mais qu'elle brille seule! oh! cela n'est pas bien;
Ajoutez à mon rôle, ou retranchez du sien.

(Elle sort.)

VICTOR, à Floridore.

Monsieur...

FLORIDORE, lui rendant son rôle.

Épargnez-vous des frais de rhétorique ;
Cheveux gris dans les vers me semble prosaïque ;
Cheveux gris déplairait à tous les bons esprits,
Et je ne dirai pas, monsieur, mes cheveux gris.

(Il sort.)

SCÈNE XI.

VICTOR, puis GRANVILLE.

VICTOR.

Ciel ! est-il dans le monde un sort plus misérable !

GRANVILLE, à part.

Pour sonder notre auteur l'instant est favorable.

(à Victor.)

Vous vous trouvez, je crois, dans un grand embarras.

VICTOR.

Tout arrogans qu'ils sont, ils parleraient plus bas,
Si certain inspecteur, dont on craint la présence,
Voulait prendre en pitié ma juste impatience.

GRANVILLE, bas avec intention.

Peut-être est-il ici ?

VICTOR.

Quoi !

GRANVILLE.

Brisons sur ce point ;
Je prétends vous servir, mais je ne dirai point
Comment ces chers messieurs sont dans ma dépendance.

VICTOR.

Je le comprends ! comptez sur ma reconnaissance.

GRANVILLE.

Je mets à ce service une condition.

VICTOR.

Laquelle ?

GRANVILLE.

Je tiens fort à mon opinion :
Blinval est à mon sens un profond politique...

VICTOR.

Ce n'est pas mon avis ; mais parlez.

GRANVILLE.

Je m'explique :
Grace à lui, dans vos vers j'ai saisi quelques traits,
Quelques allusions, et même des portraits...

VICTOR.

Enfin...

GRANVILLE.

Qui blesseraient plus d'un grand personnage.

VICTOR.

Et, si je les retranche, on joûra mon ouvrage?

GRANVILLE.

Sans doute.

VICTOR.

En refusant peut-être je suivrai
Un sentiment d'honneur qu'on trouve exagéré.
L'excès peut tout gâter, tout, même la sagesse :
J'en conviens le premier; mais c'est une faiblesse,
C'est une lâcheté dont je me punirais,
D'immoler ma pensée aux plus chers intérêts.
Courage! en écrivant mettez-vous à la gêne;
Pour ne blesser personne où donc placer la scène?
Parlez, comment tromper ces gens à l'œil si fin,
Plus méchans mille fois que l'auteur n'est malin,
Ces amis obligeans prompts à donner l'alerte?
Il faudrait la placer dans une île déserte.

GRANVILLE.

Eh! ne peut-on, sincère avec timidité,
Pour l'offrir sans péril, farder la vérité?

VICTOR.

Un faiseur de romans, dont la verve est glacée,
Peut par de vains détours énerver sa pensée,

Et, perdu dans le vague avec nos grands esprits,
Des brouillards d'Albion obscurcir ses écrits ;
Du théâtre français les muses plus sincères
De ce vague innocent ne s'accommodent guères.
Puis-je vous arracher ou le rire ou les pleurs,
Quand d'un tableau hardi j'efface les couleurs,
Quand ma main, trop timide à peindre la nature,
Masque la vérité des traits de l'imposture ?
Le théâtre avant tout veut de la vérité.
Au sommet de son art si Molière est monté,
C'est qu'il fut toujours vrai, toujours peintre fidèle :
Plus d'un portrait chez lui fit pâlir le modèle.

GRANVILLE.

Croyez-moi, pardonnez au pauvre genre humain.
Laissez là le théâtre ; et, l'épée à la main,
N'entrez pas comme un fou dans la littérature.
En style descriptif chantez l'agriculture ;
A la femme du maire adressez un sonnet,
Ou sur la bienfaisance une épître au préfet.
C'est ainsi qu'on parvient, et les grands à leurs tables
Disent : Ce garçon-là fait des vers admirables.
On boit à vos succès, on vous fête, on vous rit ;
Voilà ce que j'appelle exploiter son esprit.
Mais vous voulez fronder ! et qui donc ? l'hypocrite,
L'orgueilleux, le menteur, le fat, le parasite ?

Ces travers surannés dont vous vous courroucez,
Thalie en fait justice et les a terrassés.
Tout va-t-il déclinant dans ce siècle prospère?
Et trouvez-vous le fils plus méchant que son père?

VICTOR.

Les hommes d'aujourd'hui valent bien leurs aïeux;
Mais je puis les railler s'ils ne valent pas mieux.
Le ridicule manque! Ah! qu'il naisse un Molière;
Notre âge à son génie offre une ample matière.
Tout change; reproduits sous mille aspects divers,
Nos travers chaque jour enfantent des travers.
Vous voulez enchaîner le démon qui m'inspire;
Soit : mais de la raison rétablissez l'empire,
Réformez les abus, ne peuplez nos salons
Que de sages sans morgue et non pas de Catons;
Corrigez, s'il se peut, ce noble atrabilaire
Pour qui l'honneur n'est rien s'il n'est héréditaire;
D'un pouvoir qu'ils servaient ces détracteurs outrés,
Encor meurtris des fers dont ils se sont parés;
Ramenez au bon sens la mère de famille
Qui gouverne l'État et néglige sa fille.
Estimons l'étranger sans rire à nos dépens;
Aimons les nouveautés en novateurs prudens.
Que le littérateur se tienne dans sa sphère;
Qu'il vise à l'Institut, et non au ministère.

Confondez les partis et qu'il n'en reste qu'un,
Non le vôtre ou le mien, celui du bien commun.
Alors fronder nos mœurs n'est plus qu'un vain délire,
A chanter nos vertus je consacre ma lyre ;
Heureux si je fais dire à la postérité
Qu'en vantant mon pays je ne l'ai point flatté !

GRANVILLE.

S'il ne vous tombe pas, par un hasard unique,
Quelque succession de l'Inde ou de l'Afrique,
Dans un lieu trop souvent aux poètes fatal,
Vous pourrez de Gilbert mourir collatéral.

VICTOR.

Ah ! si dans son cercueil Gilbert peut nous entendre,
Quelle ardeur de rimer doit tourmenter sa cendre !
Un instinct généreux, que je ne puis dompter,
Dans ces temps corrompus me pousse à l'imiter ;
J'affronte son destin, je l'accepte en partage :
Vertu, gloire, malheur, c'est un noble héritage.

GRANVILLE, à part.

Son fanatisme, au moins, est celui du talent,
De l'honneur !

SCÈNE XII.

Les précédens, BERNARD, LUCILE.

VICTOR, à Bernard qui lui rend son rôle.

Vous aussi! vous! et dans quel moment!

BERNARD.

J'ai des intentions vraiment très pacifiques;
Mais à qui désormais adresser mes répliques?

VICTOR.

Eh! ne deviez-vous pas contre eux vous révolter,
Faire parler mes droits?

BERNARD.

Il faudrait disputer :
C'est pénible; et, pour peu que l'on ait l'ame bonne...

VICTOR.

Quand on est bon pour tous, on ne l'est pour personne;
Votre bonté ne veut, ne fait, n'empêche rien.
Mon Dieu! soyez méchant, et faites-moi du bien.

BERNARD, à Lucile.

Viens, suis-moi, mon enfant; jamais je ne querelle.

LUCILE, à Victor, les larmes aux yeux.

Adieu, monsieur Victor.

VICTOR.

Adieu, mademoiselle.

(Ils sortent.)

SCÈNE XIII.

VICTOR, GRANVILLE.

VICTOR, tombant dans un fauteuil.

Elle fuit ; c'en est fait, allons, j'ai tout perdu.

GRANVILLE.

Pourquoi ? soyons d'accord, et tout vous est rendu...
Voyons, dans vos refus persistez-vous encore ?

VICTOR.

Toujours, monsieur.

GRANVILLE.

Tenez, ce mot-là vous honore,

(à part.)

Et je veux... Mais partons, car je l'embrasserais.

SCÈNE XIV.

VICTOR, seul.

Vous avez sur ma tête épuisé tous vos traits,
O destins ennemis! et me voilà tranquille;
Je n'ai plus rien à perdre... ah! Lucile! Lucile!
Que d'affronts en un jour, et comme ils m'ont traité!
Ils rejettent ma pièce avec indignité...
  (il se lève.)
Eh bien! j'en suis content. Elle eût fait leur fortune;
Que pour la demander leur sénat m'importune;
Je veux leur dire à tous : Vous êtes des ingrats.
  (il jette tous les rôles dans le foyer.)
Je refuse à mon tour; vous ne la joûrez pas.
Muses, que j'honorai d'un culte si funeste,
Ce cœur, trompé par vous, désormais vous déteste.
Et toi, théâtre, adieu; que maudit soit le jour
Où je te confiai ma gloire et mon amour!

Adieu ! je t'abandonne aux discordes fatales ,
Aux serpens de l'envie, au démon des cabales.
Loin d'eux et loin de toi je cours chercher la paix ,
Et quitte ce foyer pour n'y rentrer jamais.

FIN DU TROISIÈME ACTE.

ACTE QUATRIÈME.

SCÈNE I.

BELROSE, MADAME BLINVAL.

BELROSE.

Dieu! quels flots d'amateurs! quel bruit! quelle recette!
Si le spectacle tient, la chambrée est complète.
Notre affiche sans bande étale à tous les yeux
De l'ouvrage nouveau le titre radieux.
Les bureaux vont s'ouvrir, et nos braves cohortes
Dans leur camp retranché se rangent près des portes.
Vous jouez, m'a-t-on dit?

MADAME BLINVAL.

C'est faiblesse, j'ai tort;
Mais comment résister aux prières d'un lord?

BELROSE.

Quoi! ce seigneur anglais vous a rendu visite?

MADAME BLINVAL.

Il sait m'apprécier, je lui crois du mérite.
Mon talent lui plaît fort ; d'ailleurs il s'est chargé
De mes débuts à Londre, à mon premier congé.

BELROSE.

Pour l'intérêt d'autrui son ardeur est extrême ;
Chez moi, comme chez vous, il s'est rendu lui-même.
Pour trouver Floridore il m'a quitté trop tard ;
Mais il a vu Lucile et converti Bernard.
Il connaît donc Victor ?

MADAME BLINVAL.
Non.

BELROSE.

Comment ! il intrigue,
A courir tout Bordeaux par plaisir se fatigue ;
Il perd auprès de nous ses discours et ses pas,
Pour un auteur sans nom et qu'il ne connaît pas !
Quel saint amour de l'art, quel démon littéraire
Tourmente, à nos dépens, cet honnête insulaire ?

MADAME BLINVAL.

C'est Estelle.

BELROSE.
Vraiment ?

MADAME BLINVAL.

Chut ! il m'a tout conté.

C'est une horreur, mon cher, c'est une indignité.
Il croit qu'elle est baronne et même auteur comique,
Que nous représentons son œuvre dramatique.

BELROSE.

Voyez-vous!... Mais alors je ne puis concevoir
Que cette noble veuve ose jouer ce soir.

MADAME BLINVAL.

Autre mystère. On dit que votre ami Granville
L'a vue, a dit trois mots; à ses ordres docile,
Elle joûra.

BELROSE, à part.

J'y suis. Motus sur l'inspecteur.

MADAME BLINVAL.

Mais, pour se délivrer d'un fâcheux spectateur,
Elle a fait grand fracas du danger qu'elle affronte.
Tomber devant milord, elle en mourrait de honte.
Le public jouira du fruit de ses travaux,
Si milord pour ce soir veut bien quitter Bordeaux,
S'enfermer ici près, dans ce petit domaine...
Où nous avons dîné le jour de ma migraine;
Honteuse d'une chute ou fière d'un succès,
Elle ira lui porter sa honte ou ses regrets.
Mais la pièce sifflée (et c'est ce qu'elle espère),
Tous deux, le lendemain, partent pour l'Angleterre.
Notre Anglais s'est soumis, non sans de grands débats;

Il cède, il promet tout, sa foi ne suffit pas;
On veut le voir partir, on ferme la portière,
Et puis, fouette, cocher! A peine à la barrière,
Mille noires terreurs assiégent son cerveau!
Si l'on ne donnait pas le chef-d'œuvre nouveau!...
Les acteurs balançaient, il faut qu'il les décide;
Il n'y peut plus tenir. Soudain on tourne bride,
Et milord dans Bordeaux, en prenant un détour,
Comme un conspirateur rentre au déclin du jour.
Il court chez l'un, chez l'autre, il promet, il supplie;
Parle au nom du public, des beaux-arts, de Thalie,
De la postérité; triomphe, et fait si bien
Qu'on va jouer Victor qui n'y comprendra rien.

BELROSE.

Eh quoi! vous n'avez pas, d'un esprit charitable,
A Pembrock, en douceur, conté toute la fable?

MADAME BLINVAL.

J'ai fait mieux; je prépare une scène d'effet,
Qui doit être pour lui du plus vif intérêt.
Milord est connaisseur; la belle circonstance
Pour juger du talent des actrices de France!
Il voulait repartir, et je l'ai retenu :
De nous signaler tous le moment est venu,
Ai-je dit, la victoire est sûre, incontestable;
Mais prêtez-nous vous-même une main secourable.

ACTE IV, SCÈNE I.

Je le presse, il s'enflamme, et prend trente billets
Qui, délivrés par lui, porteront l'ordre exprès
D'applaudir, d'entasser éloge sur éloge,
Au premier bruit flatteur échappé de sa loge.
Eh bien! qu'en dites-vous?

BELROSE.

Je vous admire.

MADAME BLINVAL.

Au moins,
La nouvelle entrevue aura quelques témoins.
Vous les figurez-vous, se voyant face à face,
Pembrock tout effaré, qui crie et qui menace;
Qui siffle?...

BELROSE.

Eh mais! Victor?

MADAME BLINVAL.

Qu'y faire? c'est fâcheux;
Dans son second ouvrage il sera plus heureux.

BELROSE.

Je l'ai fait prévenir de se rendre au théâtre.
Viendra-t-il?

MADAME BLINVAL.

Pourquoi pas?

BELROSE.

Il est opiniâtre;

Il va se retrancher dans ses grands sentimens.

MADAME BLINVAL.

Il boude? Les auteurs sont comme les amans ;
Eussions-nous tous les torts que leur fierté nous prête,
Quand nous leur pardonnons, la paix est bientôt faite...
Mais, tenez, le voilà ; qu'ai-je dit?

BELROSE.

Oui, ma foi.

MADAME BLINVAL.

Je ne puis lui parler, je n'ai qu'une heure à moi.
Je cours à ma toilette.

SCÈNE II.

BELROSE, seul.

Oh! la bonne figure !
Toutefois cet air sombre est d'assez triste augure.

SCÈNE III.

BELROSE, VICTOR.

VICTOR.

Pourquoi m'avoir écrit? dites, que me veut-on?

BELROSE.

Si vous vous en doutiez, vous changeriez de ton.
L'exorde est un peu brusque.

VICTOR.

Il est ce qu'il doit être.
J'ai pris ces lieux en haine, et rougis d'y paraître.

BELROSE.

Et cependant ce soir votre ouvrage est donné.

VICTOR.

A ne pas le souffrir je suis déterminé.

BELROSE.

Comprenez-vous le sens de ce que vous me dites?

VICTOR.

Encor des pourparlers, des débats, des visites!
Je me lasse à la fin.

BELROSE.

Mais vous touchez au but.

VICTOR.

Non, j'essuîrais de vous quelque nouveau rebut,
Quelque affront.

BELROSE.

Eh! pour Dieu, souffrez qu'on vous annonce,
Que...

VICTOR.

J'ai pris mon parti, c'en est fait, j'y renonce.

BELROSE.

C'est de lui maintenant que l'obstacle viendra.
Un seul mot!

VICTOR.

C'est en vain.

BELROSE.

Ah! comme il vous plaira.
Puisqu'il en est ainsi, monsieur, je me retire.

VICTOR.

Voyons, saurai-je enfin ce que vous voulez dire?

BELROSE.

Que vous seriez puni si je ne disais rien!
Il faut en convenir, le ciel vous veut du bien;
Tout le monde à présent sous vos drapeaux s'enrôle,
Et d'un commun accord redemande son rôle;
Et cela, s'il vous plaît, par intérêt pour vous.

ACTE IV, SCÈNE III.

VICTOR.

Voilà qui me surprend.

BELROSE.

Ainsi nous joûrons tous.
Il faudra seulement décider Floridore.

VICTOR.

Devant lui vous voulez que je m'abaisse encore?

BELROSE.

Qui, moi? je ne veux rien.

VICTOR.

Et vous avez raison.

BELROSE.

Tenez ferme, parbleu! ne cédez pas.

VICTOR.

Oh! non...
Et comment voulez-vous d'ailleurs qu'on le décide?

BELROSE.

Il faudrait l'aborder d'un air doux et timide.

VICTOR.

Bien débuter. Après?

BELROSE.

Vous excuser un peu,
Et même le flatter sur son goût, sur son jeu.

VICTOR.

Son jeu! quand il répète, il me met au martyre.

Son goût! mes plus beaux vers sont ceux qu'il veut proscrire.
Le bourreau!

BELROSE.

Lui céder, par le traité de paix,
Ces vers qui sont fort bons, mais qu'il trouve mauvais.

VICTOR.

Morbleu! j'entre en fureur.

BELROSE.

Contenez votre bile.
Floridore s'avance avec monsieur Granville.
Vous pouvez d'un seul mot fixer votre destin;
Dois-je aller endosser mon habit de Frontin?
Eh bien? oui... n'est-ce pas? adieu donc, je vous laisse.
Surtout de la douceur.

SCÈNE IV.

VICTOR, seul.

Dieu! quelle est ma faiblesse!
A caresser un fat forçons-nous un moment :
Ma gloire et mon amour, tout mon sort en dépend.

SCÈNE V.

VICTOR, GRANVILLE, FLORIDORE.

VICTOR, à Floridore.

Est-ce trop présumer de votre complaisance,
Que d'implorer de vous un moment d'audience.

FLORIDORE, à Granville.

Vous permettez ?

GRANVILLE.

Comment... !

FLORIDORE.

Veuillez donc vous asseoir.

(Granville s'assied et les observe.)

(à Victor.)

Je suis à vous. J'écoute.

VICTOR, se contenant à peine.

On m'a donné l'espoir
Qu'oubliant des débats que moi-même j'oublie...

FLORIDORE.

De quoi donc s'agit-il ? de votre comédie ?
Je ne la joûrai pas.

VICTOR.

Observez cependant
Que les bureaux, monsieur, s'ouvrent dans un instant.

FLORIDORE.

Comment donc, sur l'affiche on n'a pas mis de bande?

VICTOR.

Non, le public attend.

FLORIDORE.

Que le public attende.
Je ne la joûrai pas.

VICTOR.

Si...

FLORIDORE.

J'y suis résolu.

VICTOR.

Si je sacrifiais ce qui vous a déplu...

FLORIDORE.

Mon rôle, j'en suis sûr, ne fera pas fortune.

VICTOR.

Pourquoi?

FLORIDORE.

Pour cent raisons.

VICTOR.

Je n'en demande qu'une.

FLORIDORE.

Si j'en veux jusqu'au bout détailler les défauts,

Je ne finirai pas.

VICTOR.

Mais encore...

FLORIDORE.

Il est faux.
Je prête au ridicule enfin dans votre ouvrage.

VICTOR, se laissant entraîner par degrés.

Ce n'est pas vous, monsieur, mais votre personnage.

FLORIDORE.

Tenez, d'un bout à l'autre il le faudra changer.

VICTOR.

Y songez-vous? ô ciel!

FLORIDORE.

C'est à vous d'y songer.
En tout cas, il ne peut qu'y gagner, ce me semble.

VICTOR.

Valût-il cent fois mieux, que deviendra l'ensemble?...

FLORIDORE.

Ce n'est pas mon affaire.

VICTOR, hors de lui.

Eh! c'est la mienne à moi.
A quel titre, après tout, par quelle étrange loi,
Usurpant sur mon sort un pouvoir despotique,
M'osez-vous en tyran dicter votre critique?

Quand je vous lus ma pièce, elle obtint votre voix;
Il fallait exercer la rigueur de vos droits.
Ai-je demandé grace? Un éloge unanime
Sur vos scrutins flatteurs consigna votre estime;
Les démentirez-vous, et votre jugement
Balancera-t-il seul le commun sentiment?
Ce qui vous parut bon vous semble pitoyable :
Votre humeur peut changer, mais l'art reste immuable;
Mais des torts de l'auteur l'ouvrage est innocent.
Vous redoutez pour vous le revers qui m'attend?
Ne peut-on siffler l'un sans déshonorer l'autre?
C'est mon ouvrage enfin qu'on donne, et non le vôtre.
Et savez-vous, monsieur, par quels soins, quels ennuis,
Quel sacrifice entier de mes jours, de mes nuits,
Par quels travaux sans fin, qu'ici je vous abrégé,
J'ai payé d'être auteur le fâcheux privilége?
Ce rôle que proscrit votre légèreté,
Je l'ai conçu long-temps, et long-temps médité.
Ces vers, dont votre goût s'irrite et s'effarouche,
Ne sont pas sans dessein placés dans votre bouche.
Mais non, de juger tout le droit vous est acquis,
Et c'est à tout blâmer que brille un goût exquis.
Jugez donc, sans appel prononcez au théâtre,
Et recueillez l'encens d'une foule idolâtre.
Quand poussé par l'humeur, ou par votre intérêt,

Vous portez au hasard votre infaillible arrêt,
Notre partage à nous, misérables esclaves,
Est de bénir vos lois, d'adorer nos entraves,
Et de prendre pour nous en toute humilité
Les affronts d'un sifflet par vous seul mérité.

FLORIDORE.

C'est éloquent; d'honneur, le dépit vous inspire :
Ce ton pourrait blesser, s'il ne faisait pas rire.
Vous vous plaignez de nous; d'où vient? Le comité
Reçoit votre grand œuvre à l'unanimité;
Après six ans au plus, par faveur singulière,
Le comité consent à le mettre en lumière.
On répète vos vers, et pendant cinq grands mois
On fatigue pour vous sa mémoire et sa voix.
Un passage déplaît; je demande, j'exige,
Dans son intérêt seul, que monsieur le corrige;
Monsieur prend feu soudain; c'est un bruit, des éclats!
On juge toujours mal quand on n'approuve pas,
Je le sais; mais pourtant c'est fort mal reconnaître
Les bontés que pour vous on a laissé paraître.

VICTOR.

Vos bontés! secourez ma mémoire en défaut :
Où sont donc ces bontés que vous prônez si haut?
Écouter les auteurs qui vous en semblent dignes;
Quel généreux effet de vos bontés insignes!

Un rôle qui vous plaît est par vous accepté ;
Il doit vous faire honneur, n'importe, c'est bonté.
Dans l'espoir qu'un succès doublera vos richesses,
Vous poussez la bonté jusqu'à jouer nos pièces ;
J'eus tort de l'oublier, et vous avez raison ;
Je suis ingrat, monsieur, comme vous êtes bon.

FLORIDORE.

Tout beau, monsieur l'auteur ! Comment, du persiflage !
Nous saurons vous forcer à changer de langage ;
Nous verrons qui de nous doit faire ici la loi.
On ne vous joûra pas.

VICTOR.

Qui l'empêchera ?

FLORIDORE.

Moi.

VICTOR.

Vous !

FLORIDORE.

Moi-même, et je cours...

VICTOR, en fureur.

Restez, il faut m'entendre.
A chercher vos mépris m'aurait-on vu descendre,
Sans cet espoir secret qu'enfin la vérité
Devait en me vengeant consoler ma fierté ?
Certes, c'est une audace étrange et merveilleuse,

ACTE IV, SCÈNE V.

Qu'elle ait pu violer votre oreille orgueilleuse ;
Mais quoi que vous fassiez, vous ne la fuirez pas :
Pour vous en accabler je m'attache à vos pas.

(il le saisit par le bras.)

De l'art où vous brillez quand vous plaidez la cause,
Vous nous exagérez les devoirs qu'il impose :
Mais les remplissez-vous ? Que sont-ils devenus ?
A quoi les bornez-vous, ces devoirs méconnus ?
A promener vos fronts de couronne en couronne,
Du midi dans le nord, du Rhin à la Garonne,
A guider sur le Cours un char bien suspendu,
Signer chez le caissier quand son compte est rendu,
A bâtir des châteaux, à planter des parterres,
A courir mille arpens sans sortir de vos terres,
Et vivant en seigneurs, de la cour éloignés,
A remplir de vous seuls un bourg où vous régnez !

FLORIDORE.

Monsieur...

VICTOR, *le retenant par le bras.*

Vous m'entendrez. Oui, par votre indolence
Le théâtre avili marche à sa décadence.
Que de vieux manuscrits, qui sont encor nouveaux,
Dans vos cartons poudreux ont trouvé leurs tombeaux !
Que d'enfans inconnus du vivant de leurs pères
En paraissant au jour sont nés sexagénaires,

Et mutilés par vous quand vous nous les offrez,
Réduits à votre taille, énervés, torturés,
Ne rendent à l'oubli, qui soudain les réclame,
Que des corps en lambeaux, sans vigueur et sans ame !
Contre tant de dégoûts que peuvent les auteurs ?
Désespérés enfin d'un siècle de lenteurs,
Ils ravalent leur muse aux jeux du vaudeville,
Aux tréteaux de la farce où votre orgueil l'exile.
Ainsi périt en eux, dès leurs premiers essais,
Le germe des beaux vers et des nobles succès.
Tout périt ; vous frappez notre littérature
Dans sa gloire passée et sa splendeur future...
Je le sais, ma franchise est un crime à vos yeux,
Je vois que je me perds ; mais j'aime cent fois mieux
Tenir du travail seul une obscure existence,
En creusant un sillon vieillir dans l'indigence,
Sans espoir de repos, de fortune et d'honneur,
Que mendier de vous ma gloire ou mon bonheur.
Adieu.

> GRANVILLE, se levant, ramène Victor, et lui dit froidement en montrant Floridore.

Monsieur joûra.

> FLORIDORE.

Moi !

VICTOR.

Monsieur?

GRANVILLE.

Lui, vous dis-je.

FLORIDORE.

Jamais.

VICTOR.

En ma faveur vous feriez ce prodige?
Quoi, sans conditions?

GRANVILLE.

La seule que j'y mets,
C'est de vous assurer si vos acteurs sont prêts.
Pour monsieur, rien ne presse; il entre au second acte.
Allez donc, mais sur l'heure, ou bien je me rétracte.

VICTOR.

J'obéis...

GRANVILLE, lui tendant la main.

Touchez là... mon cher, embrassons-nous.

VICTOR, se jetant dans ses bras.

Ah! monsieur l'inspecteur, j'étais perdu sans vous.

SCÈNE VI.

GRANVILLE, FLORIDORE.

FLORIDORE.

Qu'entends-je? se peut-il? mais il est en délire.

GRANVILLE, froidement.

Non pas.

FLORIDORE.

Monsieur serait...

GRANVILLE, avec dignité.

Je n'ai rien à vous dire.

FLORIDORE.

Monsieur l'éprouve assez par nos égards pour lui;
Près de nous le mérite est le meilleur appui.
Avant d'être connu vous aviez mon suffrage ;
L'auteur n'est rien pour moi, je ne vois que l'ouvrage.

GRANVILLE, tirant son manuscrit de sa poche.

J'en ai la preuve en main.

FLORIDORE.

Que le vôtre m'a plu !
A peine je l'avais qu'aussitôt je l'ai lu.

ACTE IV, SCÈNE VI.

GRANVILLE.

Je rends pleine justice à votre promptitude.

FLORIDORE.

De lire tout ainsi j'ai la bonne habitude.

GRANVILLE.

Quel travail!

FLORIDORE.

   Avec moi l'on n'attend pas son tour,
Lu, présenté, reçu, le tout dans un seul jour.
Et l'on vient m'accuser!

GRANVILLE.

    C'est pure calomnie.

FLORIDORE.

Vous pouvez, d'après moi, juger la compagnie.
Même goût, même tact, même sincérité,
Dans ses décisions même esprit d'équité :
En vain votre croyance un moment fut séduite;
A d'insolens discours j'oppose ma conduite :
Et si quelque imposteur nous noircit près de vous,
A votre manuscrit nous en appelons tous.

GRANVILLE, lui remettant le manuscrit.

Eh bien! qu'il vous réponde.

FLORIDORE.

    Oh ciel! est-il possible?
Je suis sûr d'avoir lu...

GRANVILLE.

                Mais moi, juge infaillible,
Je suis encor plus sûr de n'avoir rien écrit.
Ah, ah! vous pâlissez devant ce manuscrit!
Voilà qui vous confond, et qui prouve, j'espère,
Que vous êtes actif, juste, et surtout sincère.

FLORIDORE.

Monsieur...

GRANVILLE.

        Cher président, j'estime qu'avant peu,
Vous et vos conseillers, vous allez voir beau jeu.

FLORIDORE.

Daignez...

GRANVILLE.

          Vous êtes pris. De votre république
Vous avez compromis l'orgueil tragi-comique.
Ses membres, grace à vous, vont être bafoués :
Vous jouez tout le monde, et je vous ai joués.

FLORIDORE.

Mais que vous ai-je fait...?

GRANVILLE.

                Et ce brave jeune homme,
Qu'ici pour son talent chacun de vous renomme,
Que chacun persécute; il a beau supplier,
Comment le traitez-vous? comme un mince écolier.

Vous semblez à plaisir lasser sa patience;
Vous détruisez d'un mot sa plus chère espérance;
Que vous a-t-il fait, lui? Je prétends le venger.

FLORIDORE.

Y songez-vous? ô ciel!

GRANVILLE.

C'est à vous d'y songer.

FLORIDORE.

Vous me perdez, monsieur.

GRANVILLE.

Ce n'est pas mon affaire.

Vous le disiez tantôt.

FLORIDORE.

Voyons, que puis-je faire?
Comment vous désarmer?

GRANVILLE.

Victor vous l'apprendra.

FLORIDORE.

Moi, je consentirais...!

GRANVILLE.

Tout comme il vous plaira.
La chose en vaut la peine, et j'en verrai l'issue.
Ah! ma pièce vous plaît! mais, puisqu'elle est reçue,
Dût la troupe en fureur conjurer contre moi,
Morbleu! vous la joûrez, ou vous direz pourquoi.

FLORIDORE.

Si je ne puis, monsieur, vous prouver mon estime
Qu'en vous sacrifiant un courroux légitime,
Je reprendrai mon rôle.

GRANVILLE.

        A la fin, c'est parler.

FLORIDORE.

Dans quelques jours.

GRANVILLE.

        Ce soir.

FLORIDORE.

            Vous voulez m'immoler.
Sans pitié, sans égard...

GRANVILLE.

            Adieu, cet opuscule
Ne vous couvrira pas d'un petit ridicule.
Je le vais publier, et dans l'avant-propos
En votre honneur et gloire imprimer quatre mots;
Et je veux que demain tout Bordeaux se régale
Des charmantes douceurs de crier au scandale,
Fasse pleuvoir sur vous cent couplets de chanson,
Qu'un rire inextinguible éclate à votre nom,
Qu'un orchestre inhumain en sifflant vous salue,
Au théâtre, au foyer, sur le Cours, dans la rue,
Et forme en bruits aigus un chorus d'opéra,

Dont la fureur des vents jamais n'approchera.
Pour un indifférent l'aventure est commune,
Mais pour un inspecteur c'est un coup de fortune.

FLORIDORE.

Ce nom si redouté m'inspire peu d'effroi,
Monsieur; par la menace on n'obtient rien de moi...
Je joûrai, mais pour vous dont l'estime m'est chère,
Pour un public nombreux qu'avant tout je révère,
Enfin pour ce Victor, qui n'est pas sans talent :
Une tête de feu!... mais un cœur excellent.
Je l'ai toujours aimé. Je le vois qui s'avance;
Adieu : pour le succès j'ai beaucoup d'espérance.

(Il sort.)

SCÈNE VII.

GRANVILLE, VICTOR, BELROSE, LUCILE,
madame BLINVAL, ESTELLE, BERNARD.

LUCILE, à Granville.

Floridore vous quitte, est-il vrai qu'à vos soins
Nous devrons le bonheur... ?

GRANVILLE.

      Je l'espère du moins;
Floridore à vos vœux cesse d'être contraire.

Malheureux ce matin de n'avoir pu vous plaire,
En termes assez durs j'ai reçu mon congé;
Je vous gardais rancune, et je me suis vengé.

VICTOR.

Ah! ce trait généreux...

GRANVILLE.

     Dans une loge en face
En amateur zélé je cours prendre ma place.

(Il sort.)

ESTELLE, à part.

Milord est loin d'ici, je ne redoute rien.

BELROSE, bas à madame Blinval.

Milord est dans sa loge.

MADAME BLINVAL.

     Allons, tout ira bien.
Je me sens inspirée.

LUCILE.

    Et moi, je perds courage.

BERNARD.

Moi, j'ai tous mes moyens, et mon jeu sera sage.

(regardant à sa montre.)

Sept heures vont sonner; dans la salle on attend.
Est-on prêt?

VICTOR, dans le plus grand trouble.

Oui, frappez.

(Bernard sort.)

ACTE IV, SCÈNE VII.

Dans ce dernier moment
Je veux... j'ai mille avis à vous donner encore.
Comment vous enflammer du feu qui me dévore?
    (à madame Blinval.)
Que votre noble ardeur ne se démente pas;
Madame; de l'aplomb, surtout point d'embarras;
Lucile, au nom du ciel, faites tête à l'orage.
    (à Belrose.)
Entrez bien dans l'esprit de votre personnage,
Belrose; du mordant, du nerf, de la chaleur...
Et votre grand couplet, le savez-vous par cœur?
    (à Estelle.)
C'est sur votre récit que mon espoir se fonde;
Que votre verve entraîne, enlève tout le monde!
        (On frappe les trois coups.)
Sauvez le dénoûment... Dieu! j'entends le signal!
        (Ils sortent.)
Je ne vous retiens plus... Voici l'instant fatal.
Quel silence! écoutons... Je crois qu'on entre en scène...
Je suis devant mon juge; ah! ce n'est pas sans peine.

FIN DU QUATRIÈME ACTE.

ACTE CINQUIÈME.

SCÈNE I.

VICTOR, LUCILE.

LUCILE.

Au gré de vos désirs je vois tout succéder,
Et la victoire semble enfin se décider.

VICTOR.

Puisse le dernier acte emporter les suffrages !
Vous passez mon espoir ; par quels soins, quels hommages,
Vous payer d'un succès que je ne dois qu'à vous ?
Non, jamais votre voix n'eut un accent plus doux,
Jamais la passion ne fut plus naturelle.

LUCILE.

Notre amour m'inspirait... Victor, je me rappelle
La scène de l'aveu que vous redoutiez tant ;

J'avais le cœur serré moi-même en l'écoutant ;
L'orchestre était muet, le parterre en balance...
Un murmure enchanteur a rompu le silence.
Je crois l'entendre encor.

VICTOR.

Belrose était troublé ;
Il perdait la mémoire.

LUCILE.

Oui, mais je l'ai soufflé.
Qu'on retient aisément des vers tels que les vôtres !
Je n'ai lu que mon rôle, et je sais tous les autres.

VICTOR.

Que n'êtes-vous mon juge ! Est-il vrai ? quoi ! demain,
Ce soir, dans ce moment, j'obtiendrais votre main !
Je devrais tout l'éclat, le bonheur de ma vie,
Ma première couronne, à ma meilleure amie !
Quel charmant avenir embellira des nœuds
Formés par deux amans sous cet auspice heureux !...
Mais, Lucile, où m'emporte une joie insensée ?
Ma sentence peut-être est déjà prononcée.

LUCILE.

Ne tremblez point ; que sert de vous troubler ainsi ?
Imitez-moi...

VICTOR.

Je crois que vous tremblez aussi...

Allons, point de faiblesse, et, d'une ame assurée,
Défions...

SCÈNE II.

Les précédens, BLINVAL.

BLINVAL.
Floridore a manqué son entrée.
VICTOR.
Je suis perdu, trahi; c'est une indignité!
Le public...

BLINVAL.
Le public ne s'en est pas douté;
Mais moi qui connaissais...
VICTOR.
Que le ciel vous confonde!
LUCILE.
Il m'a fait une peur!
BLINVAL.
Voilà pourtant le monde!
Soyez officieux, rendez service aux gens;
On en est bien payé!

LUCILE.

Vos avis obligeans
Ne seront pas perdus. J'entre après Floridore;
De peur qu'un accident ne vous ramène encore,
Je cours jouer ma scène, et j'espère, au retour,
Par un tout autre avis l'obliger à mon tour.

SCÈNE III.

VICTOR, BLINVAL.

BLINVAL.

Je le voudrais aussi; mais...

VICTOR.

Quoi? soyez sincère.
Hélas! je le vois bien, vous ne l'espérez guère.

BLINVAL.

Je suis dans l'embarras... Je crains de vous fâcher.

VICTOR.

Qu'est-il donc arrivé? c'est trop me le cacher.

BLINVAL.

Ah çà! du cœur!

ACTE V, SCÈNE III.

VICTOR.
Un bruit de funeste présage
Aurait-il...?

BLINVAL.
Jusqu'ici rien n'annonce un orage.

VICTOR.
Ah!

BLINVAL.
J'entends éclater des bravos imprévus,
A mille traits d'esprit que je n'avais pas vus;
Mais...

VICTOR.
Toujours mais. Voyons, parlez avec franchise;
Dites la vérité...

BLINVAL.
Que voulez-vous qu'on dise ?
Chacun a son avis.

VICTOR.
Et le vôtre en est un.

BLINVAL.
Vous écrivez, mon cher, pour les gens du commun...
Des mœurs qu'on voit partout...Rien n'y sent son grand monde...
Dans votre pièce enfin la bourgeoisie abonde.
Pas un comte, un marquis, pas un petit baron,
Pour ennoblir un peu...

VICTOR.

Chrysale, Ariste, Orgon,
Pour être des bourgeois, sont-ils d'un bas comique?
Il semble, en écoutant cette absurde critique,
Qu'on déroge au théâtre, et qu'on n'a pas bon air
De rire d'un bon mot, s'il n'est d'un duc et pair.
Intérêt, vérité, naturel sans bassesse,
Voilà pour le public des titres de noblesse.

BLINVAL.

Vous vous fâchez?

VICTOR.

Non pas!

BLINVAL.

Est-ce ma faute à moi
Si votre dénoûment m'inspire de l'effroi?

VICTOR.

Mon dénoûment, ô ciel!

BLINVAL.

Je souhaite qu'il passe.

VICTOR.

En quoi vous déplaît-il?

BLINVAL.

C'est délicat...

VICTOR.

De grace,

ACTE V, SCÈNE IV.

Est-il trop lent, trop froid, ou bizarre, ou brusqué?
Eh, parlez donc!

BLINVAL.

Il est... il est... il m'a choqué.

VICTOR.

La raison?

BLINVAL.

La raison... je viens de vous la dire.

VICTOR, furieux.

Je n'y tiens plus !

BLINVAL.

Paix, paix, allons, je me retire.
Vous vous fâchez.

VICTOR, brusquement.

Bonsoir.

SCÈNE IV.

VICTOR, seul.

Un éloge est charmant,
Il enivre un auteur qui l'obtient justement ;
Son talent s'en accroît, tout lui semble possible.

La critique d'un sot est encor plus sensible !
Eh quoi ! mon dénoûment qu'on a trouvé si bon...
Il a tort... très grand tort... Dieu ! s'il avait raison !...
J'ai plaint cent fois Damis dans la Métromanie;
Mais, au fond d'un château quand son mauvais génie
L'abandonne à l'horreur d'un noir pressentiment,
Il est seul, nul fâcheux n'irrite son tourment ;
Il n'a dans ses terreurs d'ennemi que lui-même.
Si son malheur est grand, ma misère est extrême,
Horrible, insupportable : accablé d'embarras,
Pressant l'un, soufflant l'autre, arrêté par le bras,
Pour qu'un indifférent me flatte ou me censure,
Je vois tous les regards poursuivre ma figure.
Comment cacher mon trouble? où fuir les curieux ?
Eh bien ! regardez-moi, traîtres, de tous vos yeux...
Un pauvre auteur qui tombe est-il une merveille ?
Qu'entends-je ? un bruit sinistre a frappé mon oreille...
Non... ma tête se perd... O toi que ton destin
Pousse pour ton malheur dans ce fatal chemin,
Qui crois le voir semé de lauriers et de roses,
Tiens, contemple mon sort, et poursuis si tu l'oses.

SCÈNE V.

VICTOR, PEMBROCK.

PEMBROCK, dans la coulisse.

Je veux entrer, faquins, et c'est trop m'arrêter ;
Je suis milord Pembrock, faut-il le répéter ?

VICTOR.

Encore un importun.

PEMBROCK.

Ah ! je vois un artiste.

Apprenez...

VICTOR, voulant s'en aller.

Pardon, mais...

PEMBROCK.

En vain on me résiste ;
Mon bras s'est exercé sur vos laquais dorés ;
J'ai forcé la consigne, et vous m'écouterez.
Voyez la perfidie...

VICTOR.

Eh ! chacun son affaire.

PEMBROCK.

C'est elle, j'en suis sûr.

VICTOR.

Qui vous dit le contraire?

PEMBROCK.

Ah! vous convenez donc enfin qu'on m'a trompé?
Achevez; le seul mot qui vous est échappé
Prouve que rien ici n'est pour vous un mystère :
Vous parlerez.

VICTOR.

Morbleu!

PEMBROCK.

Vous ne pouvez vous taire.

VICTOR.

Est-on plus malheureux!

PEMBROCK.

Hem! quelle trahison!

VICTOR.

C'est être assassiné d'une horrible façon.

PEMBROCK.

Horrible, ah! oui, monsieur, horrible, abominable.

VICTOR.

Voulez-vous me laisser, fâcheux impitoyable?

PEMBROCK.

Nommez-moi la suivante.

VICTOR.

Estelle.

PEMBROCK.

C'est son nom ?
Elle est actrice ?

VICTOR.

Eh ! oui ; que serait-elle donc ?

PEMBROCK.

Figurez-vous, monsieur, que l'œil fixé sur elle,
Je crus pendant long-temps ma lorgnette infidèle ;
Mais au quatrième acte où, pour tromper Frontin,
L'ingrate dit : Je t'aime, et lui promet sa main,
J'ai reconnu sa voix, ce ton fait pour séduire,
Cet accent de l'amour...

VICTOR, enchanté.

La scène a donc fait rire ?

PEMBROCK.

Pas moi, je vous le jure ; indigné, furieux,
J'ai déserté ma loge et j'accours en ces lieux.
Eût-elle d'Apollon tous les dons en partage,
Puis-je lui pardonner un si sanglant outrage ?
Je veux, je veux la voir ; guidez-moi.

VICTOR.

Pas du tout !
Vous troubleriez son jeu.

PEMBROCK.

Je la suivrai partout,
En criant que l'auteur de la pièce qu'on donne...

VICTOR.

Eh bien !

PEMBROCK.

En fausseté ne le cède à personne.

VICTOR, furieux.

Ah ! pour le coup !...

PEMBROCK.

Qu'il faut dans les prisons du roi
Lui faire apprendre un peu...

VICTOR, criant.

Mais cet auteur, c'est moi.

PEMBROCK.

Vous?

VICTOR.

Moi, qui n'entends rien à vos mésaventures,
Et veux avoir raison, monsieur, de vos injures.

PEMBROCK.

Mais c'est une caverne, et jamais les enfers
N'ont conçu...

SCÈNE VI.

Les précédens, ESTELLE.

ESTELLE, à Victor.

Venez donc: sur mes trois derniers vers
Je veux vous consulter...

PEMBROCK.

Ah! vous voilà, traîtresse!

ESTELLE, tombant dans les bras de Victor.

C'est milord, je me meurs!

VICTOR.

Elle tombe en faiblesse!
Ciel! et mon dénoûment!

PEMBROCK.

Manéges superflus!

VICTOR.

A quoi tient un succès!

PEMBROCK, à Estelle.

Vous ne m'y prendrez plus.

ESTELLE, d'une voix éteinte.

Si vous saviez, milord...

VICTOR.

De grace, après la pièce...

PEMBROCK.

Malgré tous vos détours, je vous connais, princesse.

ESTELLE, se relevant avec dignité.

Eh bien! tout est rompu; mais je ne ne prétends pas
Souffrir de vos fureurs les scandaleux éclats.

PEMBROCK, à Victor.

Quelle audace! ah, monsieur! l'auriez-vous bien pu croire?

VICTOR, à Pembrock.

Elle est capable au moins d'en perdre la mémoire.

PEMBROCK.

Le grand mal!

VICTOR.

Tout conspire à me désespérer.

ESTELLE, lisant son rôle.

(à Victor.)

Voilà bien, n'est-ce pas, comme je dois entrer?

VICTOR.

A merveille!

PEMBROCK.

Avant tout, perfide, il faut me rendre...

ESTELLE.

Vos lettres? oui, milord.

ACTE V, SCÈNE VII.

PEMBROCK.

Non pas.

ESTELLE, lisant son rôle.

« Veuillez l'entendre
« Ce fils, de vos vieux jours l'espérance et l'appui ;
« Il est devant vos yeux, il m'écoute, et c'est lui. »

VICTOR, frappant des mains.

Bien ! bien !

PEMBROCK.

C'est une horreur, mais ma vengeance est prête.

VICTOR, à Estelle.

Et dans votre récit... ?

ESTELLE.

Aucun vers ne m'arrête.
Je cours à ma réplique.

SCÈNE VII.

VICTOR, PEMBROCK.

VICTOR, à Pembrock, qui s'élance pour sortir.

Où voulez-vous aller ?

PEMBROCK.

D'un concert de sifflets je veux la régaler.

VICTOR.

Juste ciel! arrêtez. Demain, si bon vous semble...

PEMBROCK.

Son récit finira par un morceau d'ensemble :
J'ai trente bons amis...

VICTOR.

    Calmez votre courroux.

PEMBROCK.

J'y cours.

VICTOR.

  Vous n'irez pas.

PEMBROCK.

      Mais quel homme êtes-vous?
Quand je prétends rester, vous voulez que je sorte,
Et quand je veux sortir, vous me fermez la porte.

VICTOR, suppliant.

Ma pièce...

PEMBROCK.

  C'est en vain.

VICTOR.

     Craignez mon désespoir.

PEMBROCK.

Fût-il cent fois plus grand, je sifflerai ce soir.

VICTOR.

Je ne me connais plus...

PEMBROCK.

Laissez-moi.

VICTOR.

Par saint George,
Si vous faites un pas...

PEMBROCK.

Il me prend à la gorge !
Au meurtre ! à l'assassin !

SCÈNE VIII.

Les précédens, LUCILE, puis ESTELLE, FLORIDORE, BELROSE.

LUCILE, accourant.

Succès, succès complet !

PEMBROCK.

Ouf ! s'il était tombé, le bourreau m'étranglait.

VICTOR, à Lucile.

Mon cœur suffit à peine au transport de ma joie.

BELROSE, montrant Pembrock.

Messieurs, je vois un Grec dans les remparts de Troie.

PEMBROCK, en fureur.

Adieu, foyer maudit, et vous, acteurs, auteurs,
Vous tous, qui vous couvrez de masques imposteurs ;
Adieu, je vais chercher quelque cité déserte,
Où jamais le démon n'amène pour ma perte
Fille ou veuve obstinée à me faire enrager,
Ni d'auteur furieux qui me veuille égorger.

(Il sort.)

BELROSE.

Fussiez-vous par-delà les colonnes d'Alcide,
Vous y pourrez encor trouver une perfide.

SCÈNE IX.

Les précédens, excepté PEMBROCK.

BELROSE, s'approchant d'Estelle d'un air goguenard.

C'était un bon parti ; mais, à défaut d'un lord,
Un garçon très honnête et que j'estime fort...

ESTELLE.

Vous en dites du bien, à coup sûr c'est vous-même.

BELROSE.

Si je me proposais...

ESTELLE.

Mon malheur est extrême ;
Mais il faudrait, je pense, être en horreur aux dieux,
Pour choisir aussi mal, ou ne pas trouver mieux.
Vous, messieurs, pour Bordeaux cherchez une soubrette.

BELROSE, lui offrant la main.

Les gens de milady !... que milady permette...

(Elle sort.)

SCÈNE X.

LES PRÉCÉDENS, excepté ESTELLE.

BELROSE.

Elle enrage !

FLORIDORE, à Victor.

Il nous reste à vous féliciter ;
Présentez une pièce, on va la répéter.

VICTOR.

Mais...

FLORIDORE.

Le tour de faveur, c'est à vous qu'on le donne.

VICTOR.

Non, monsieur, mon bonheur ne doit nuire à personne.

LUCILE.

Bon Victor!

VICTOR

Et Bernard?

BELROSE.

D'un air très amical,
Il cause avec Granville. Agamemnon-Blinval
Vient de se retirer sans tumulte, sans pompe,
En murmurant tout bas que le public se trompe.

(à Lucile.)

Comme votre succès met sa femme aux abois,
Ils sont sortis d'accord pour la première fois.
Ils s'aiment par vengeance.

SCÈNE XI.

Les précédens, GRANVILLE, BERNARD.

BERNARD, à Victor.

Ah! que je vous embrasse!
Est-il quelque chagrin qu'un si beau jour n'efface?
La poésie, oui-dà, n'est pas un vil métier;
C'est un art, mais un art qu'on ne peut trop payer.

GRANVILLE, à Victor, en lui montrant ses mains.

Hem! vous ai-je servi d'une ardeur sans égale!
Quand, pour le soutenir, j'ameutais la cabale,
Je prêtais à l'ouvrage un secours superflu :
Que voulez-vous, mon cher! je ne l'avais pas lu.

BERNARD, mettant la main de Lucile dans celle de Victor.

Elle est à toi.

LUCILE.

Victor!

VICTOR.

Tant de bonheur m'oppresse...

GRANVILLE.

Et moi, qui veux ma part dans la commune ivresse,
De deux cent mille francs je dote les époux.

VICTOR, avec dignité.

Monsieur...

BERNARD.

Il a ce droit.

LUCILE, à Granville.

Qui remercîrons-nous?

GRANVILLE.

Demandez à Belrose.

BELROSE.

Un auteur, un confrère.

GRANVILLE.

Non pas, non; Floridore est instruit du contraire.

FLORIDORE, s'inclinant.

Monsieur est inspecteur.

GRANVILLE.

Non, consultez Bernard,
Il vous dira...

BELROSE, étonné.

Qui diable es-tu donc par hasard?

ACTE V, SCÈNE XI.

GRANVILLE.

Je suis, puisque personne ici ne le devine,
Ce qu'il faut que je sois pour doter ma cousine,
Et l'embrasser.

LUCILE, à Bernard.

Comment ?

BERNARD.

Ne t'ai-je pas parlé...?

LUCILE.

Ah ! d'un mauvais sujet qui s'était exilé ?...

GRANVILLE.

(à Lucile.)   (à Victor.)

C'est moi !... Je t'ai prédit, cher nourrisson du Pinde,
Quelque succession de l'Afrique ou de l'Inde,

(lui présentant un portefeuille.)

Je te l'apporte, tiens...

VICTOR, le refusant.

Eh ! de grace, un moment.

BERNARD.

Prenez, vous saurez tout, j'ai vu le testament.
Il se fera prier pour être légataire !

BELROSE.

Me voilà ! moi : voyons, je me laisserai faire.

(Bernard prend le portefeuille.)

FLORIDORE, avec dépit.

Que n'ai-je su plus tôt...?

GRANVILLE.

Veuillez me pardonner ;
Tout n'est que fiction, hormis le déjeuner.
Pour réparer mes torts j'entends qu'il soit splendide,
Qu'à trois actes pompeux l'allégresse y préside,
Qu'on y verse à grands flots et champagne et médoc,
Et que madame Estelle y trinque avec Pembrock.

(à Victor.)

Toi, retiens bien ceci : le talent d'un poète
Avorte dans le monde, et croît dans la retraite.
Que d'oisifs du bon ton, ardens à t'inviter,
De frivoles devoirs viendront t'inquiéter !
Ne va pas, amoureux d'un brillant esclavage,
Jouer d'homme amusant le triste personnage,
Te travailler sans fruit à saisir l'à-propos,
Et consumer ta verve en stériles bons mots.
Crains les salons bruyans, c'est l'écueil à ton âge;
Nous avons trop d'auteurs qui n'ont fait qu'un ouvrage.
Poursuis; soutiens l'honneur de tes premiers essais;
Qu'en mer, sous l'équateur, j'apprenne tes succès,
Et qu'un jour, comme moi, courant la terre et l'onde,
La gloire de ton nom fasse le tour du monde.

BELROSE, montrant Victor.

Bornons-nous à l'Europe, et, s'il en fait le tour,
Que dans un bon fauteuil il dorme à son retour!

FIN DES COMÉDIENS.

EXAMEN CRITIQUE

DES

COMÉDIENS,

PAR M. Ev. DUMOULIN.

EXAMEN CRITIQUE

DES

COMÉDIENS.

Faut-il s'étonner si, depuis quelque temps, la poésie dramatique comme la haute littérature sont tombées en France, à un petit nombre d'exceptions près, dans une sorte de discrédit, et si Melpomène et Thalie semblent exilées de la patrie de Corneille et de Molière ? Après les secousses terribles qu'elle a éprouvées, la France pouvait espérer de se reposer enfin de ses conquêtes, de sa gloire et de ses malheurs; les beaux-arts, enfans de la paix et de la liberté, allaient reprendre leur empire; les poètes allaient monter leur lyre, lorsqu'au moment même où nous pouvions espérer tant de paisibles dédommagemens, de nouvelles tribulations viennent nous assaillir; lorsque après tant de revers presque oubliés, la nation se trouve menacée de perdre le fruit de ses pénibles et glorieux sacrifices; lorsqu'on veut lui ravir ses droits toujours reconnus et jamais consolidés; lorsque enfin les paisibles habitans des chaumières, comme les plus opulens citadins, sont également troublés dans leur sécurité, menacés dans leur avenir, dans leurs intérêts les plus chers et les plus sacrés. On se plaint de ce que la politique occupe tous les esprits, absorbe toutes les idées; c'est que la politique, telle que l'entendent aujourd'hui la plupart des gouvernemens, est hostile contre les peuples; que les peuples instruits et éclairés sentent les dangers qu'ils courent; que tous leurs vœux, toutes leurs pensées doivent tendre exclusivement à éviter les écueils sans nombre, les piéges funestes qu'on sème partout sur leurs pas, et qu'ils veulent, avant tout, s'affranchir du despotisme qui les menace et du jésuitisme qui les envahit.

Tout semble conspirer, d'ailleurs, à la ruine de ce bel art qui réjouissait la France, selon la naïve expression du bon, de l'inimitable La Fontaine; les ridicules des grands sont privilégiés par les suppôts de la police; leurs vices, leurs travers sont traités comme des marchandises de contrebande par les douaniers de la pensée, et les tartufes de religion et de politique sont protégés partout, même sur la scène. Certes c'est aujourd'hui, plus encore qu'à l'époque où LES COMÉDIENS furent joués pour la première fois, qu'on peut dire :

<small>Le théâtre français marche à sa décadence.</small>

Tout l'y conduit, tout l'y pousse avec violence; les poètes comiques sont réduits au silence et à l'inaction; on dirait qu'on veut déshériter la France de la plus belle portion de sa gloire. Figaros modernes, les dictateurs de la censure disent tout bas aux auteurs, car il n'est plus permis de le leur répéter tout haut sur le théâtre : « Pourvu que vous ne par-
« liez en vos pièces, ni de l'autorité, ni du culte,
« ni de la politique, ni de la morale, ni des gens
« en place, ni des corps en crédit, ni de l'Opéra,
« ni des autres spectacles, ni de personne qui tienne
« à quelque chose, vous pouvez tout dire libre-
« ment, sous l'inspection de deux ou trois cen-

« seurs. » Si Beaumarchais eût écrit de nos jours, il aurait ajouté : « Gardez-vous surtout de pronon-
« cer un seul mot qui puisse alarmer les faux dé-
« vots, blesser ces hommes que vous rencontrez à
« tout pas, *qui font de dévotion métier et marchan-*
« *dise*, et qui, transigeant avec les objets les plus
« sacrés, répètent *qu'il est avec le ciel des accom-*
« *modemens.* »

Le monde pullule aujourd'hui de ces gens qui pensent et disent avec Don Juan :

« L'hypocrisie est un vice à la mode, et tous les
« vices à la mode passent pour vertus. La profession
« d'hypocrite a de merveilleux avantages. C'est un
« art de qui l'imposture est toujours respectée; et
« quoiqu'on la découvre, on n'ose rien dire contre
« elle. Tous les autres vices des hommes sont ex-
« posés à la censure, et chacun a la liberté de les at-
« taquer hautement; mais l'hypocrisie est un vice
« privilégié, qui de sa main ferme la bouche à tout
« le monde, et jouit en repos d'une impunité sou-
« veraine. On lie, à force de grimaces, une société
« étroite avec tous les gens du parti. Qui en choque
« un, se les attire tous sur les bras ; et ceux que

« l'on sait même agir de bonne foi là-dessus, et
« que chacun connaît pour être véritablement tou-
« chés, ceux-là, dis-je, sont le plus souvent les dupes
« des autres; ils donnent bonnement dans le pan-
« neau des grimaciers, et appuient aveuglément
« les singes de leurs actions. Combien crois-tu que
« j'en connaisse qui, par ce stratagème, ont rhabillé
« adroitement les désordres de leur jeunesse, et,
« sous un dehors respecté, ont la permission d'être
« les plus méchans hommes du monde? On a beau
« savoir leurs intrigues, et les connaître pour ce
« qu'ils sont, ils ne laissent pas pour cela d'être
« en crédit parmi les gens; et quelque baissement
« de tête et un soupir mortifié, deux roulemens
« d'yeux, rajustent dans le monde tout ce qu'ils
« peuvent faire. C'est sous cet abri favorable que
« je veux mettre en sûreté mes affaires. Je ne quitte-
« rai point mes douces habitudes, mais j'aurai soin
« de me cacher, et me divertirai à petit bruit. Que
« si je viens à être découvert, je verrai, sans me re-
« muer, prendre mes intérêts à toute ma cabale,
« et je serai défendu par elle envers et contre tous.
« Enfin, c'est là le vrai moyen de faire impunément

« tout ce que je voudrai. Je m'érigerai en censeur
« des actions d'autrui, jugerai mal de tout le monde,
« et n'aurai bonne opinion que de moi. Dès qu'une
« fois on m'aura choqué tant soit peu, je ne par-
« donnerai jamais, et garderai tout doucement une
« haine irréconciliable. Je me ferai le vengeur de la
« vertu opprimée; et, sous ce prétexte commode,
« je pousserai mes ennemis, je les accuserai d'im-
« piété, et saurai déchaîner contre eux des zélés
« indiscrets qui, sans connaissance de cause, crie-
« ront contre eux, qui les accableront d'injures, et
« les damneront hautement de leur autorité pri-
« vée. C'est ainsi qu'il faut profiter des faiblesses des
« hommes, et qu'un sage esprit s'accommode aux
« vices de son siècle. »

Qui ne croirait que ce code de l'hypocrisie est d'hier? Il y a pourtant cent soixante ans que ce tableau a été tracé par Molière. A présent, un pareil tableau serait proscrit sans retour; il est trop fidèle pour qu'il fût permis de l'exposer au grand jour de la scène. C'est bien le cas de répéter avec M. Casimir Delavigne:

> Le théâtre avant tout veut de la vérité.

> Au sommet de son art si Molière est monté,
> C'est qu'il fut toujours vrai, toujours peintre fidèle :
> Plus d'un portrait chez lui *fait* pâlir le modèle.

Il est douteux que la pièce des Comédiens elle-même, qui pourtant ne se trouve dans aucune des catégories de Figaro, parvînt à sortir saine et sauve à présent des mains terribles et meurtrières de la censure dramatique. On laisserait peut-être bien dire à Belrose :

> Tout s'arrange en dînant dans le siècle où nous sommes,
> Et c'est par les dîners qu'on gouverne les hommes ;

car, depuis cinq ans, les choses ont bien changé, et les dîners ne suffisent plus ; mais combien de traits comiques, de saillies vives et piquantes seraient maintenant retranchés sans pitié ! qui sait même si, par égard pour les convenances et la morale, il serait permis à un jeune homme bien né d'épouser une actrice, à moins qu'elle ne se fût réconciliée avec l'Église ?

Au milieu de ce chaos qui tend à tout bouleverser, à tout diviser, à tout acheter, à substituer le mensonge à la vérité, il est consolant pour les amis des lettres et de la morale de voir un jeune poète, également cher à Melpomène et à Thalie, résister aux séductions et aux corruptions qui le menacent, pour parcourir, sinon avec liberté, du moins avec indépendance, la noble carrière où il est si glorieusement entré.

M. Casimir Delavigne, qui, dès ses premiers pas dans la carrière, a dédaigné de se jeter dans les routes battues, en cherchant à se créer, pour ainsi dire, des sentiers non encore fréquentés, a suivi le même système dans la seconde pièce qu'il a livrée au public. Doué d'une imagination riche et brillante, d'un talent poétique que personne ne saurait lui contester, il a cru pouvoir composer une comédie en cinq actes, dans laquelle on ne retrouve ni la peinture d'un caractère prononcé, ni les portraits des mœurs du grand monde, ni les travers ordinaires de la société; une pièce dont le plan est presque indéterminé, dont la conduite et l'intrigue sont à peine nouées par des ressorts dramatiques. Le succès seul pouvait légitimer la témérité d'une pareille entreprise, et M. Delavigne a réussi, sans que la raison, les règles de l'art et le bon goût puissent contester les nouveaux suffrages qu'il a recueillis. Avant tout, M. Delavigne consulte ses propres sensations, et ce sont elles seules qui l'inspirent. Il avait à peine terminé ses études, que, selon l'usage, il fait une tragédie; il court la présenter aux Comédiens-Français; on le traite comme un jeune homme échappé du collége; on l'accueille avec dédain, on l'écoute à peine; et sa pièce obtint seulement les honneurs d'une réception à correction, qui équivalait à un refus. Cette pièce était la tragédie des Vêpres siciliennes, qui, malgré les défauts qu'une critique équitable peut lui reprocher, a mérité, par la hardiesse de sa conception, par la force, l'élégance de son style, et par les mâles beautés qu'elle contient, les applaudissemens de toute la France.

A peine entré dans le monde, M. Casimir Delavigne a appris à connaître la morgue, les ridicules et les travers des comédiens, et ce sont des comédiens qu'il a mis en scène; il s'y est mis lui-même avec eux; car l'auteur dramatique, qui se trouve en butte à toutes les prétentions rivales des acteurs, à toutes leurs hauteurs, à toutes leurs intrigues, ressemble d'autant plus à M. Delavigne, que c'est un jeune poète rempli d'ardeur, d'imagination, de verve et de talent. Il a fait recevoir par les comédiens de Bordeaux une comédie pour laquelle on lui a fait essuyer mille tribulations et mille impertinences; cependant les acteurs ont appris leurs rôles, et la pièce doit être représentée le soir même; l'auteur attache d'autant plus de prix au succès, qu'il espère que de ce succès dépend son mariage avec une jeune et jolie actrice qu'il aime et dont il est aimé. C'est là la partie essentielle de l'action des Comédiens; mais cette portion de l'intrigue se croise, se heurte et se lie avec d'autres intrigues accessoires : d'une part, c'est un cousin de la jeune actrice, qui arrive *incognito* des Grandes-Indes pour épouser sa parente, ou pour lui remettre au moins la part qui lui revient dans l'héritage d'un oncle mort en laissant une grande fortune. Ce cousin rencontre le *comique* de la troupe ou de la compagnie, qu'il a connu au collége; il apprend que sa cousine a embrassé la carrière théâtrale; il veut la connaître sans en être connu, et il imagine, pour être admis dans l'intérieur des coulisses, de donner à entendre qu'il est un inspecteur des théâtres, qu'on attend de Paris, et qui doit, dit-on, se présenter sous un nom supposé. De plus, le *comique* le transforme en auteur, lui donne un rouleau de papier blanc, qui est humblement présenté au président du comité, lequel, à la recommandation de son camarade, promet sa protection à cette œuvre nouvelle. Il s'engage même à lire le prétendu manuscrit ; il soutient bientôt qu'il l'a lu en effet, et il s'épuise en éloges sur la pièce de l'auteur inconnu, qui l'a invité à dîner pour le lendemain.

D'une autre part se trouve un jeune lord auquel le hasard a procuré la connaissance d'une baronne, veuve et séduisante, dont il s'est subitement épris et qu'il veut épouser. Cette baronne est une soubrette que l'Anglais reconnaît en la voyant sur la scène.

Il faut encore ajouter à ces divers personnages une autre actrice, qui cherche à pénétrer toutes les intrigues de coulisses : son mari, le père noble, qui est venu débuter à Paris, qui s'y est fait siffler parce qu'il est mauvais acteur, et qui prétend qu'on ne l'a maltraité qu'à cause de ses opinions ; et enfin le père de l'amoureuse, qui joue les utilités et qui distribue les billets *gratis*.

Tous ces personnages ont chacun une teinte particulière, parfois originale et comique. Au moment de représenter la pièce du jeune auteur, une nouvelle intrigue la fait encore retarder. La coquette ne veut plus de son rôle parce qu'il n'est pas aussi brillant que celui de l'amoureuse; le jeune premier refuse le sien parce qu'il y est question de ses cheveux gris. Cependant, après cent autres difficultés, l'aventure du manuscrit en blanc que M. l'inspecteur menace de publier rend le vieux jeune premier plus docile; les autres acteurs cèdent aussi, et la pièce est jouée enfin et reçoit le plus brillant accueil. Nous sommes ici au dénouement : selon l'usage, tout s'éclaircit, l'épouseur britannique est furieux d'avoir été pris pour dupe, le cousin des Grandes-Indes renonce à la main de sa cousine, qui se trouve riche de deux cent mille francs, et les deux amans sont unis. Cette jeune personne est un modèle de décence et de vertu; mais l'auteur a mis tant d'adresse dans la peinture de ce caractère neuf au théâtre qu'il a paru naturel.

Les Comédiens brillent surtout par la vivacité du dialogue, par les traits nombreux dont il est semé, et par une foule de détails comiques. Plus d'un poète renommé se ferait honneur des pensées remarquables, des vers heureux qui abondent dans la pièce de M. Delavigne, dont le front, si jeune encore, est déjà couvert de palmes académiques et de lauriers noblement cueillis dans le domaine de Molière et de Corneille.

Il y a déjà plus de cinq ans que les COMÉDIENS ont été représentés pour la première fois à Paris; depuis cette époque, ils ont couru les départemens, et partout l'ouvrage a été applaudi, bien qu'il y ait une sorte de spécialité dans les mœurs et les travers des personnages que l'auteur a mis en scène. On peut dire qu'en vieillissant la pièce voit s'augmenter l'estime qu'on lui porte et le succès qu'elle obtient. Il est digne de remarque que le dernier vers des COMÉDIENS exprime le vœu de voir un jour assis au rang des quarante immortels le jeune poète que M. Casimir Delavigne a peint avec tant de talent, de charme et de naturel : après avoir fait le tour de l'Europe,

<blockquote>Que dans un bon fauteuil il dorme à son retour,</blockquote>

dit Belrose, en parlant de Victor. M. Delavigne a

réalisé cette espèce de prédiction. On peut dire qu'il a forcé les portes de l'Académie; il vient d'être appelé au fauteuil qu'il souhaitait à son personnage; mais au lieu d'y dormir, qu'il y veille au contraire, qu'il y médite, qu'il y trouve des inspirations, et la littérature française comptera quelques chefs-d'œuvre de plus : la France a droit d'en attendre d'un poète à qui elle doit LES MESSÉNIENNES, LES VÊPRES SICILIENNES, LE PARIA et L'ÉCOLE DES VIEILLARDS.

FIN DU TOME DEUXIÈME.

TABLE DES MATIÈRES

CONTENUES DANS CE VOLUME.

Les Vêpres siciliennes, tragédie. . . . . Page 1
Note. 119
Examen critique des Vêpres Siciliennes. 123
Les Comédiens, comédie. 135
Examen critique des Comédiens. 295

FIN DE LA TABLE.

www.ingramcontent.com/pod-product-compliance
Lightning Source LLC
Chambersburg PA
CBHW071249160426
43196CB00009B/1220